»Lieber Gott, mach mich krumm,
dass ich aus dem Trabi kumm!«

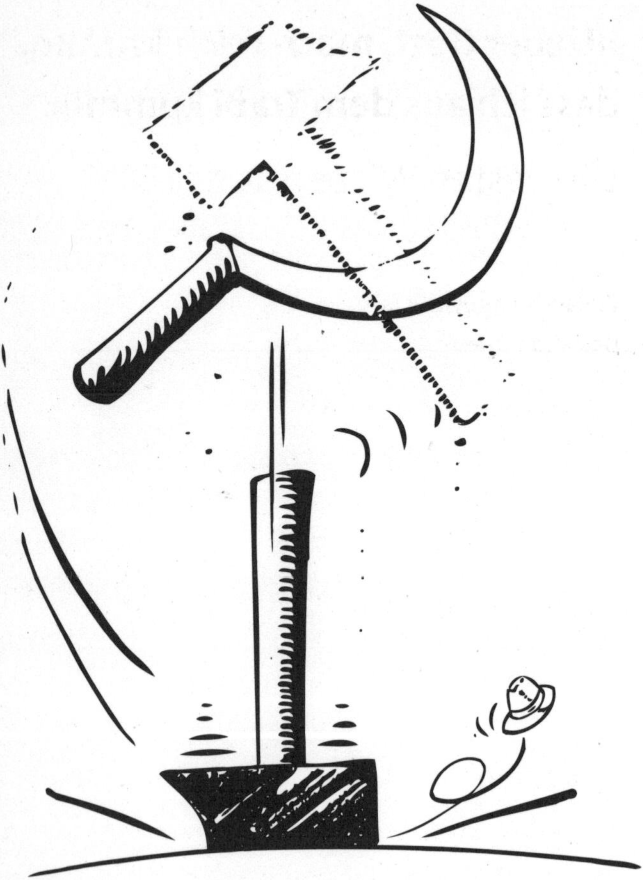

»Lieber Gott, mach mich krumm, dass ich aus dem Trabi kumm!«

Die besten Witze aus der DDR

Zusammengestellt von
Barbara Kunerle

Bassermann

ISBN: 978-3-8094-2963-0

Umschlaggestaltung: Atelier Versen, Bad Aibling
Illustrationen: Hans-Jürgen Feldhaus, Münster
Projektleitung: Anja Halveland/Martha Sprenger
Gesamtproducing: berliner buch.macher
Herstellung: Sonja Storz

Druck und Bindung: GGP Media GmbH, Pößneck

FSC
www.fsc.org
MIX
Papier aus verantwortungsvollen Quellen
FSC® C014496

Verlagsgruppe Random House FSC®-DEU-0100
Das für dieses Buch verwendete FSC®-zertifizierte Papier *München Super* liefert Arctic Paper Mochenwangen GmbH.

Printed in Germany

817 2635 4453 6271

Inhalt

Vorwort

Es war wie ein Ritual. Kurz vor 8.00 Uhr öffnete unsere Lektoratssekretärin die Tür zu unserem Arbeitszimmer, schaute erwartungsvoll herein und fragte: »Kinderchen, kennt ihr einen neuen Witz?« Die Kinderchen, mein Kollege und ich, kannten hundertprozentig nicht nur einen neuen Witz, denn Witze schossen in der DDR wie Pilze aus dem Boden und sprachen sich blitzschnell herum.

Besonders beliebt waren politische Witze. Sie hatten Ventilfunktion. Man konnte Frust über Autoritäten und den sozialistischen Alltag ablassen und – ganz wichtig! – darüber herzhaft lachen. Denn eine gezielte Pointe entlarvt immer die Struktur eines Systems, auch das der DDR – sehen Sie selbst:

Brandt trifft Ulbricht. Um etwas Small Talk zu machen, sagt Brandt: »Ich habe ein Hobby, ich sammle Witze, die Leute über mich erzählen.« Sagt Ulbricht: »Ach, ist ja interessant, ich habe ein ähnliches Hobby: Ich sammle Leute, die Witze über mich erzählen.«

Die Witze, die ich hier zusammengetragen habe, stammen aus einem Land, das seit über 20 Jahren nicht mehr besteht, der DDR. Man kann über

»Unsere DDR« denken, was man will, doch ihre Witze waren einsame Spitze. Unsere Welt war so paradox, dass sich Witze wie von selbst aus fast allen Situationen und über jeden Politiker ergaben. Man spottete gern über das Alter der Politbüromitglieder und ihr geistiges Niveau, über wirtschaftliche Engpässe, über die unzerbrechliche Freundschaft zum großen Bruder, der UdSSR, und natürlich über die unauffällige Stasi.

Doch wie entstanden Witze? Häufig einfach aus dem Leben heraus, denn das Leben ist oft so skurril, dass es keiner weiteren Phantasie für Witze bedarf.

Nun wünsche ich Ihnen, liebe Leserinnen und Leser, viel Spaß mit diesem kleinen Buch und ein fröhliches Lachen an jedem Tag.

Barbara Kunerle

»Den Sozialismus in seinem Lauf halten weder Ochs' noch Esel auf!« Erich Honecker

Sicher stammt dieser Geistesblitz nicht von Erich Honecker persönlich. Er war äußerst schlecht beraten, als er den Satz mit sichtlichem Stolz oder vielleicht gar schon Galgenhumor in einer seiner letzten Reden vorlas. Dennoch, ein Erfolg war zu verzeichnen. Die Bevölkerung der DDR bog sich vor Lachen. Und Biegen und Lachen sind bekanntlich ungemein gesund.

Ist der Sozialismus von Wissenschaftlern oder von Politikern erfunden worden?
Natürlich von Politikern. Wissenschaftler hätten erst Tierversuche durchgeführt.

»Bruchteile« des Sozialismus:
Ein Sechstel der Erde: Sowjetmacht.
Ein Drittel der Produktion: Pfusch.
Ein Viertel Deutschlands: DDR.

Worin besteht der Unterschied zwischen Kapitalismus und Sozialismus?
Der Kapitalismus macht soziale Fehler, der Sozialismus macht kapitale Fehler.

»Was bedeutet eigentlich Kapitalismus?«, wird gefragt.
»Kapitalismus ist die Ausbeutung des Menschen durch den Menschen.«
»Und wie ist das nun mit dem Sozialismus?«
»Da ist es genau umgekehrt!«

Was ist der Unterschied zwischen Marx und Murks? Marx ist die Theorie und Murks ist die Praxis.

Der Dozent fragt nach dem Unterschied zwischen Sozialismus und Kommunismus. Der Student antwortet: »Wie schon Bertolt Brecht sagte, ist der Kommunismus das Einfache, das schwer zu machen ist.«
»Und wie ist das mit dem Sozialismus?«, hakt der Dozent nach.
Der Student denkt intensiv nach, dann antwortet er: »Der Sozialismus ist das Schwere, das einfach nicht zu machen ist.«

Welcher Unterschied besteht zwischen der Bundesrepublik Deutschland und der Deutschen Demokratischen Republik? Die BRD hat das Kapital und die DDR hat Marx.

Karl Marx hat die Existenz zweier deutscher Staaten vorausgesehen. Wieso?
Für die BRD hat er »Das Kapital« geschrieben, für die DDR »Das Kommunistische Manifest« und »Das Elend der Philosophie«.

Stichwort »Sozialismus« im Brockhaus-Lexikon des Jahres 2010: Langjähriger Umweg im 20. Jahrhundert vom Kapitalismus zum Kapitalismus.

Die zehn großen **A** der sozialistischen Leitungstätigkeit: **A**lle **A**nfallenden **A**rbeiten **A**uf **A**ndere **A**bschieben **A**nschließend **A**nscheißen **A**ber **A**nständig!

Was ist demokratischer Zentralismus? Das Kollektiv ist im Prinzip dafür, der Einzelne dagegen, und die Leitung macht sowieso, was sie will.

Was ist der Unterschied zwischen realem und entwickeltem Sozialismus? Klare Antwort: Der reale Sozialismus ist nicht entwickelt und der entwickelte ist nicht real.

Was passiert, wenn der Sozialismus in der Sahara eingeführt wird?
Die ersten Jahre nichts, aber dann wird allmählich der Sand knapp.

Der Lehrer fragt die Schüler: »Was gab es vor dem Sozialismus?« Kalle antwortet: »Mein Vater sagt: alles!«

Vorlesung in der Parteihochschule. »Genossen, der Fortschritt im internationalen Maßstab ist nicht mehr aufzuhalten«, verkündet der Dozent stolz. »Schon heute beherrscht der Sozialismus ein Sechstel der Welt, bald wird es ein Siebtel, ein Achtel sein. Und ich wage zu behaupten, auch ein Neuntel schaffen wir!«

Was sind die Haupthindernisse für eine erfolgreiche Entwicklung des Sozialismus?
Frühling, Sommer, Herbst und Winter.

Zwei Männer unterhalten sich: »Du«, sagt der eine ganz stolz, »ich lese gerade das ›Kapital‹ von Karl May.« »Du bist wohl bescheuert«, kontert der andere, »das ›Kapital‹ hat Karl Marx geschrieben.«
»Ach so«, versteht plötzlich der Erste, »ich habe mich schon gewundert, dass so wenig Indianer darin vorkommen.«

Was ist der Unterschied zwischen einem Volksmärchen und einem sozialistischen Märchen?
Das Volksmärchen beginnt mit: Es war einmal ...
Und das sozialistische Märchen mit: Es wird einmal ...

Gibt es eigentlich schon einen Namen für die Übergangsperiode vom Sozialismus zum Kommunismus?
Ja, das ist die Periode des Delikatismus*. Komischer Name?
Na ja, in dieser Periode wird den Bürgern vom Staat allmählich das Geld aus der Tasche gezogen, weil sie es im Kommunismus sowieso nicht mehr brauchen.

**Delikatessengeschäfte, in denen Spezialitäten angeboten wurden. Trotz hoher Preise waren die Läden stets mehr als gut besucht.*

Was ist sozialistische Disziplin?
Jeder macht, was er will; keiner macht, was er soll; alle machen mit.

Die Partei hat immer Recht ...!

» ... denn wer kämpft für das Recht, der hat immer Recht.« Text und Musik wurden zu einer Zeit geschrieben, in der nicht im Entferntesten an eine DDR zu denken war. Eine Art parteiliches Glaubensbekenntnis also. Die überwiegende Mehrheit der Mitglieder der damaligen KPD waren nicht kirchlich gebunden, aber der Mensch braucht eben etwas, an das er glauben kann. Zu DDR-Zeiten erhielt diese Liedzeile eher eine humorige Bedeutung. Doch überzeugen Sie sich selbst ...

Das neue Parteistatut hat nur noch zwei Paragraphen.
§ 1: Die Partei hat immer Recht.
§ 2: In allen anderen Fällen tritt § 1 in Kraft.

Was ist der Unterschied zwischen einer Kaffeemaschine und dem Politbüro? Die Kaffeemaschine kann man entkalken.

Ein Rentner sitzt jeden Tag an der Spree und angelt. Eines Tages fängt er einen riesengroßen, goldschimmernden Fisch. »Wirf mich bitte wieder ins Wasser«, bettelt der Fisch, »dann erfülle ich dir einen Wunsch.«
Der Rentner denkt lange nach. »Überleg doch nicht so lange«, ruft der Fisch, »ich sehe doch, dass es dir nicht besonders gut geht.«
»Na ja«, sagt der Rentner, »einen Wunsch hätte ich schon, ich möchte eigentlich nur in ein gut versorgtes Altersheim.« Da blitzt und donnert es, und der Rentner findet sich auf einem langen Korridor wieder. Er fragt einen vorübergehenden Mann: »Entschuldigung, wo bin ich hier?« »Das wissen Sie nicht?« wundert sich der andere. »Im Politbüro!«

Was hat 50 Zähne und 4 Beine? Ein Krokodil.
Und was hat 50 Beine und 4 Zähne? Das Politbüro.

Was ist ein Eichhörnchen? Ein von der zentralen Waldparteileitung zusammengestauchter Fuchs.

Es finden mal wieder Parteigespräche in der SED statt. Ein alter Arbeiter ist dran. Der Vorsitzende der Kommission kontrolliert gewissenhaft dessen Parteimitgliedsbuch und schnüffelt verdächtig daran rum. Dann sagt er streng: »Genosse, es tut mir leid, aber du bist offensichtlich Alkoholiker.« Entgegnet der alte Arbeiter: »Das kann nicht sein. Ich habe noch nie in meinem Leben Alkohol getrunken!«
»Jetzt belügst du auch noch die Partei, das darf nicht sein. Du wirst aus unseren Reihen ausgeschlossen. Säufer haben bei uns nichts zu suchen.«
Der alte Arbeiter geht nach Hause und denkt nach und denkt nach. Endlich weiß er die Lösung. Am nächsten Morgen geht er gleich wieder zur Kommission und klärt auf: »Genossen, ich weiß jetzt, woher der Alkoholgeruch in meinem Mitgliedsbuch kommt. Immer, wenn ich bei meinem Parteisekretär den Mitgliedsbeitrag bezahle, klebt der mir die Marke ein und leckt sie vorher an.«

Ein Lehrer fordert die Kinder auf, einen Satz mit den Substantiven Partei und Frieden zu bilden. Kalle meldet sich sofort: »Mein Vater sagt immer: ›Lasst mich bloß mit der Partei in Frieden‹.«

Die Tiere im Berliner Tierpark in Friedrichsfelde haben Parteiwahlen angesetzt, um turnusgemäß einen neuen Parteisekretär zu wählen. Um den Vorschlag entsteht eine kontroverse Debatte.
Wie wäre es mit dem Fuchs? – Nein, der ist zu bourgeois, trägt einen Pelz.
Und wie wäre es mit dem Elefanten, fragen die Teilnehmer der Parteiversammlung. – Nein, der lebt auf viel zu großem Fuß.
Wie wäre es dann vielleicht mit der Schnecke? – Nein, die ist viel zu bürgerlich, besitzt ein eigenes Haus.
Wie wäre es mit der Ziege? – Nein, die ist nun wirklich nicht konstruktiv, meckert nur herum.
Wer könnte denn dann noch infrage kommen?
Der Storch natürlich! Der hat eine weiße Weste, rote Beine und kann mächtig klappern. Der Storch aber will nicht: »Ich lass mir doch von euch Blödmännern nicht meine jährliche Reise ins westliche Ausland vermasseln.«

Während einer Parteiaktivtagung drängelt sich ein Genosse nach vorn und spricht ohne Ansage ins Mikrofon: »Ich bin der Genosse Krause und habe mal drei Fragen an diese Tagung. Erstens: Warum sind die Kohlen gegenwärtig so teuer? Zweitens: Warum gibt es so selten Südfrüchte? Und drittens: Warum sind bestimmte Lebensmittel so knapp?«
Aufgeregt eilt Erich Honecker ans Mikrofon und teilt mit: »Bevor ich die Fragen grundlegend beantworte, schlage ich eine kurze Pause vor!«
Nach der Pause drängelt sich wieder ein nicht eingeplanter Redner ans Mikrofon: »Ich bin der Genosse Meier und habe vier Fragen. Erstens: Warum sind die Kohlen so teuer? Zweitens: Warum gibt es so selten Südfrüchte? Drittens: Warum sind bestimmte Lebensmitte! so knapp? Und viertens: Wo ist eigentlich Genosse Krause?«

Weil sich Genosse Müller abfällig über die Partei und die DDR geäußert hat, muss er sich in einem Parteiverfahren verantworten. Ausführlich zeigt ihm der Parteisekretär seine Verfehlungen auf, lenkt aber später ein und sagt: »Weil du ein so guter Arbeiter bist, sprechen wir dir nur einen Verweis aus. Du darfst also in der Partei bleiben.«
»In Ordnung«, sagt Genosse Müller, »ich nehme die Strafe an.«

Eröffnungsprotokoll des XI. Parteitages der SED 1986:

1. Hereintragen des Präsidiums
2. Einschalten der Herzschrittmacher
3. Wir singen gemeinsam das Lied: »Wir sind die junge Garde des Proletariats ...«

Was ist Meinungsaustausch innerhalb einer Parteiorganisation? Wenn du mit deiner Meinung zum Parteisekretär gehst und mit seiner wieder rauskommst.

Die SED-Parteiabzeichen* werden jetzt alle eingesammelt. Warum denn das?
Es wird jede Hand gebraucht.

**Auf dem SED-Parteiabzeichen sind zwei Hände zu sehen.*

Kommt ein frischgebackener Kandidat der SED zu seinem Parteisekretär und fragt: »Darf ich als zukünftiges Mitglied der Partei eigentlich noch den Begriff ›Gott sei Dank‹ benutzen?« Antwortet der Parteisekretär entsetzt: »Um Gottes Willen, nein!«

In einem kleinen sächsischen Ort fehlen dem Parteisekretär Stühle für die Parteiversammlung. Er schickt zwei junge Genossen zum Pfarrer, um von ihm Stühle zu holen. »Und sagt dem Pfarrer«, ermahnt der Parteisekretär, »wenn er nicht genügend Stühle rausrückt, schicke ich keine Genossen mehr zum Glockenläuten.« Der Pfarrer stellt ausreichend Stühle zur Verfügung und ruft den Genossen nach: »Sagt dem Parteisekretär, wenn er keine Genossen zum Glockenläuten schickt, schreibe ich ihm die Referate nicht mehr!«

Die Parteileitung fordert einen Genossen auf, Selbstkritik zu üben. »Also, Genosse«, befiehlt der Parteisekretär, »du wirst ein Schreiben verfassen, in dem du alle Fehler bekennst, die du jemals begangen hast!«
»Was denn bloß für Fehler?«, fragt arglos der Genosse.
»Du wirst natürlich schreiben, dass dir schwerwiegende Irrtümer unterlaufen sind.«
»Was denn für Irrtümer?«
»Na dass du ideologische Verfehlungen begangen hast!«
»Na, sag mal, welche Verfehlungen denn?«
»Um es zusammenzufassen, dass du das Ansehen unserer Partei geschädigt hast!«
»Welches Ansehen denn ...?«

Darf ein kleiner Parteifunktionär auch schon mal einen großen kritisieren?
Im Prinzip schon. Aber es wäre schade um den kleinen.

Karl-Heinz berichtet: »Mein Vater ist jetzt 35 Jahre alt geworden und aus der FDJ ausgetreten.«
»Warum denn das«, fragt ein Mitschüler, »er hätte doch noch 1. Sekretär des Zentralrates der FDJ werden können.«
»Vielleicht«, meint Karl-Heinz, »aber so alt ist er ja wieder auch noch nicht.«

Ein sehr überzeugter Genosse springt mit einem Fallschirm ab, aber der Schirm öffnet sich nicht. Mitten im freien Fall erscheint ein kleines Teufelchen und flüstert: »Sag Scheiß-Sozialismus und ich rette dich!«
»Niemals«, verkündet der Abstürzende standhaft. Das Teufelchen erneut: »Sag Scheiß-Sozialismus und ich rette dich!« »Nein, niemals«, widersteht der Genosse tapfer. Kurz vor dem Aufprall stellt das Teufelchen noch mal die Frage. In seiner Todesangst ruft der Genosse laut. »Scheiß-Sozialismus!« Da bekommt er einen heftigen Stoß von seinem Nachbarn in die Seite: »Also, wenn du schon in der Parteiversammlung schläfst, dann halte wenigstens deine Klappe!«

Eine Lehrerin erklärt den Kindern das DDR-Emblem: »Hier seht ihr den Ährenkranz, der steht für die Klasse der werktätigen Bauern, dann hier der Hammer, der steht für die Arbeiterklasse, und dann ist hier noch der Zirkel, der steht für die Intelligenz.« Da meldet sich Otto aufgeregt und fragt: »Und was steht für den Beruf meines Vaters? Der ist nämlich Parteisekretär.« »Na, schau mal«, beruhigt ihn die Lehrerin, »hier oben im Zirkel gibt es auch noch die Niete.«

Ein Genosse fällt in einen Fluss und ist kurz vor dem Ertrinken. Er schreit um Hilfe, und tatsächlich eilt gleich ein Retter herbei. Er fragt den fast Ertrinkenden: »Welche Zensur hattest du in Russisch?« »Ich hatte eine Eins.« Und welche Zensur hattest du in Marxismus-Leninismus?« »Auch eine Eins, aber holen Sie mich bitte endlich hier heraus!« »Du hättest besser schwimmen lernen sollen!«

»Die schönsten Abende meines Lebens verdanke ich dem Parteilehrjahr«, schwärmt ein Mann.
»Aber du bist doch gar nicht in der Partei!«
»Nein, ich nicht, aber meine Frau.«

Was ist der Unterschied zwischen einem Parteisekretär und einem Stück Holz?
Holz arbeitet.

In einer Grundschule diskutiert man über verschiedene Berufe. Ein Schüler wird vom Lehrer gefragt, was denn sein Vater arbeite.
Der Schüler: »Mein Vater arbeitet in einem großen Volkseigenen Betrieb, und da taucht er immer Eisenstücke in eine Lauge. Und wenn er sie wieder rausholt, ist kein Rost mehr dran.«
Der Nächste berichtet: »Mein Vater arbeitet auch in diesem VEB, und er taucht Eisenstücke in eine andere Lauge, und wenn er sie herausholt, sind sie ganz silbern.« Großes Staunen!
Ein dritter Schüler bekennt: »Mein Vater arbeitet auch in diesem VEB. Er ist dort Parteisekretär, aber er taucht dort gar nichts.«

Die SED will auf dem nächsten Parteitag die ovalen Parteiabzeichen durch viereckige ersetzen. Warum der ganze Aufwand? Damit die Genossen nicht mehr so viel herumeiern müssen.

Drei berühmte Feldherren – Hannibal, Lord Nelson, Napoleon – besuchen die Nationale Volksarmee und besichtigen verschiedene Einheiten. Was ihnen am besten gefallen hat, will der sie begleitende General wissen, was ihnen wohl genützt hätte.
Hannibal: »Eindeutig die Panzer. Da hätte ich mir den Rummel mit den Elefanten sparen können.«
Lord Nelson: »Natürlich die U-Boote, damit hätte ich noch mehr Schlachten gewinnen können.«
Napoleon: »Ich hätte damals schon gern das ›Neue Deutschland‹ gehabt, dann wüsste wirklich niemand, dass ich bei Waterloo verloren habe.«

Ein 93-jähriger Mann tritt in die SED ein. »Warum trittst du denn ausgerechnet jetzt in deinem hohen Alter in die Partei ein?«, fragt ihn ein Freund.
»Ach weißt du«, antwortet der alte Herr, »besser es stirbt ein Parteimitglied als einer von uns.«

Ein Ehepaar spaziert am ZK-Gebäude vorbei. Fragt die Frau interessiert: »Ich möchte schon mal wissen, wie viele hier arbeiten.«
Antwortet der Mann: »So ungefähr die Hälfte vielleicht!«

Einfache Frage: Kann sich das Politbüro eigentlich auch irren?
Antwort: Das Politbüro ist auch bloß ein Mensch!

»Warst du eigentlich zur letzten Parteiversammlung?« fragt ein besorgter Genosse.
»Nein, aber hätte ich gewusst, dass es die letzte ist ...!«

Gibt es eigentlich einen Unterschied zwischen der sozialistischen Kaderpolitik und der Champignon-Zucht? Nein! Sobald sich ein helles Köpfchen zeigt, wird es abgeschnitten.

Nach einer Gerichtsverhandlung kommt ein Richter in die Kantine, setzt sich zu seinen Kollegen und kann sich vor Lachen kaum halten. Die Kollegen fragen sofort, was ihn denn so erheitert. »Ach, ich habe gerade einen politischen Witz über unsere Partei- und Staatsführung gehört.« Er krümmt sich wieder vor Lachen. Die Kollegen sind nun ganz neugierig: »Lass uns nicht so zappeln, erzähl ihn mal!«
»Geht nicht, ich habe den Witzeerzähler doch gerade zu zwei Jahren verknackt.«

Ein Genosse landet erwartungsgemäß in der Hölle und wird von seinen Kumpels empfangen. »Oh«, stöhnt er, »Scheiß-Hölle. Wie soll ich damit nur zurechtkommen?« »Keine Sorge, du kennst das doch«, klären ihn die Genossen auf. »Weißt du, seit der Sozialismus hier in der Hölle gesiegt hat, geht es uns relativ gut. Mal ist kein Schwefel da, mal ist kein Pech da, am nächsten Tag fehlt es an Holz oder an Kohle, selbst Streichhölzer sind knapp, und wenn mal alles da sein sollte, ist der Heizer auf Parteischulung.«

Warum fuhr Egon Krenz eigentlich nicht zu den Olympischen Spielen nach Sarajevo?
Wie wir wissen, wurde dort schon mal ein Kronprinz erschossen.

Ein Parteisekretär und ein Gewerkschaftsfunktionär sitzen gemütlich beim Bierchen. Mit einigem Schuldgefühl sagt der Parteisekretär nach einiger Zeit: »Ich glaube, wenn ich jetzt so angetrunken nach Hause komme, kocht meine Frau vor Wut.«
»Hast du ein Glück“, sagt ein bisschen neidisch der Gewerkschaftsfunktionär, »meine Frau lässt mich hungern.«

Ein Mann steht am Fahrkartenschalter und verlangt eine Fahrkarte nach Kürze.
»Wohin?«, fragt die Frau am Schalter nach. »Nach Kürze.«
»Diesen Ort gibt es in der DDR nicht«, behauptet die Frau.
Der Mann unerbittlich: »Doch, es muss ihn aber geben, unser Parteisekretär sagte neulich, in Kürze sei alles besser, und da will ich hin.«

Ein Genosse kehrt von einer Dienstreise aus der BRD zurück. Sein Parteisekretär fragt ihn: »Na, Genosse, konntest du nun den faulenden und sterbenden Kapitalismus sehen?«
»Ja, konnte ich.«
»Und was hältst du davon?«, fragt der Parteisekretär nach.
Der Genosse überlegt kurz und stellt dann fest: »Ein wunderschöner Tod ...!«

Wunderland DDR

Es war kein Wunder, dass die DDR 1949 entstand. Sie war ein Ergebnis des Zweiten Weltkrieges und der Politik der vier Besatzungsmächte. Dass sie sich allerdings 40 Jahre lang halten konnte, war irgendwie ein kleines Wunder. Obwohl es Engpässe über Engpässe gab, organisierten DDR-Bürger für sich über wundersame Wege alles, was sie zum Leben brauchten. Weltweit hatte man sich sogar für noch längere Zeit auf die Existenz zweier Staaten auf deutschem Boden eingestellt. Als die Mauer doch fiel, hielten nicht nur wir in der DDR das für ein großes Wunder.

Ein altes Mütterchen bewundert ein Standbild, das gerade in Berlin aufgestellt wurde. »Ach«, fragt sie interessiert einen vorbeigehenden Bürger, »wer ist denn dieser gut aussehende, stattliche Mann hier?« »Das ist Stalin«, lautet die Antwort. »Das ist der Mann, der uns von den Nazis befreit hat.« Ganz verklärt das alte Mütterchen: »So ein guter Mann, ob der uns auch von den Russen befreien könnte?«

Was ist Glück? Glück ist natürlich, dass wir in der DDR leben.
Und was ist Pech? Pech ist, dass wir so viel Glück haben.

Zwei Hausfrauen unterhalten sich über ihre täglichen Alltagssorgen. Sagt die eine: »Du, ich habe gehört, morgen soll es Regen geben.« Entgegnet die andere: »Ist mir völlig schnuppe, ich stelle mich nach gar nichts mehr an.«

Ein neues DDR-Wappen ist entwickelt worden. Darin sind zwei Ziegen und eine Taube zu sehen. »Was bedeutet das?«, fragen interessierte DDR-Bürger. Das bedeutet, wer viel meckert, fliegt!

Ein Omnibus fährt übers Land. Plötzlich steht ein Ochse mitten auf der Straße und macht keine Anstalten auszuweichen, sosehr der Fahrer auch hupt. Die Fahrgäste sind total genervt. Endlich steigt ein älterer Bauer aus dem Bus, geht zum Ochsen und flüstert ihm was ins Ohr. Fluchtartig verlässt der Ochse die Straße. Neugierig fragen die Fahrgäste den Bauern, was er denn dem Ochsen gesagt hat. »Ach, nichts Besonderes«, erwidert der Bauer, »ich habe nur gesagt, wenn du nicht sofort von der Straße gehst, kommst du in die LPG.«

Eine Kuh, ein Hund und ein Esel, die in der Bundesrepublik Deutschland leben, entschließen sich eines Tages, in die DDR auszuwandern. Aber schon nach einer kurzen Woche kommt der Hund zurück. »Warum kommst du wieder nach so kurzer Zeit«, wird er gefragt. »Ach, ich sollte dort nur die Schnauze halten, durfte überhaupt nicht bellen.« Zwei Wochen später kommt die Kuh zurück. »Warum kommst du auch zurück?« »Weil ich aus dem Westen kam, wollten die mich dort dauernd melken. Das habe ich nicht mehr ausgehalten.«
Der Esel allerdings fühlt sich sehr wohl in seiner neuen Heimat. Bereits zwei Jahre später ist er Mitglied des Politbüros.

Warum gibt es in der DDR seit langem zweilagiges Klopapier? Ein Durchschlag von jedem Scheiß geht nach Moskau.

Direkt vor einer Irrenanstalt hat ein Auto eine Panne. Der Fahrer versucht alles, um das Wägelchen wieder auf Vordermann zu bringen. Nichts gelingt.
Ein Insasse der Anstalt sitzt auf der Mauer und rät: »Versuchen Sie es doch mal mit den Zündkerzen!« Es gelingt, das Auto springt wieder an. Der Fahrer bedankt sich und fragt: »Warum sind Sie denn bloß hier in dieser Anstalt?«
»Ich wollte abhauen«, sagt der Patient.
»Aber deshalb kommt man doch nicht in eine Irrenanstalt«, ist der Fahrer überzeugt.
Darauf der Patient: »Doch schon, ich wollte in die Sowjetunion abhauen!«

Ein Ehepaar aus der DDR besucht die Stadt Moskau und geht dort selbstverständlich ins berühmte Warenhaus GUM. Eine Verkäuferin fragt die beiden: »Sind Sie aus Deutschland?« »Ja«, antwortet das Paar. »Was für ein Deutschland?«, hakt die Verkäuferin nach. »Deutschland über alles? Oder Deutschland ohne alles?«

Ein Staatsbürgerkundelehrer fragt seine Schüler: »Sagt mal, warum lieben wir unsere sowjetischen Freunde?« »Weil sie uns vom Hitlerfaschismus befreit haben!«, kommt es wie aus der Pistole geschossen. Der Lehrer ist ganz gerührt: »Und warum hassen wir die Amerikaner?«, fragt er nach. Wieder eine prompte Antwort: »Weil sie uns nicht befreit haben!«

Der liebe Gott ruft die Staatsführer zu sich und eröffnet ihnen, dass am 30. Mai der Weltuntergang ist. Breschnew brüstet sich: »Ich werde Kaviar und Krimsekt an mein Volk verteilen lassen.«
Nixon hält dagegen: »Ich werde natürlich viel Whisky und Steaks an mein Volk austeilen lassen.«
»Und ich«, triumphiert Honecker, »werde den 30. Mai rausarbeiten lassen.«

Wo endet der Sozialismus? Bei minus 5 Grad!

Die DDR ist wirklich der einzige Staat, der den Mond nur für friedliche Zwecke nutzt. Für welche friedlichen Zwecke denn? Für die Straßenbeleuchtung.

Kann eine Atombombe den gesamten Verkehr in der DDR lahmlegen? Im Prinzip schon. Aber wozu der ganze Aufwand, wenn 10 cm Neuschnee denselben Effekt haben?

Worin unterschieden sich Wilhelm Pieck, Walter Ulbricht und Erich Honecker in ihrer Genügsamkeit? Pieck wollte den Sozialismus noch für die ganze DDR, Ulbricht nur noch für Berlin und Honecker ausschließlich für Wandlitz.

Ein Spatz überfliegt mal kurz die DDR. »Oh, ein tolles Land«, freut er sich, »überall der Wurm drin.«

Die Lehrerin erinnert die Schüler: »Kinder, heute um 20.00 Uhr könnt ihr die Mondfinsternis sehen.« Fragt Kurt: »Im Ost- oder Westfernsehen?«

Was bedeutet die Abkürzung DR? So eine Frage, natürlich Deutsche Reichsbahn. Völlig daneben. Sie bedeutet: Dein Risiko.

Die DDR soll in DGR umbenannt werden. Was soll denn das bedeuten?
Deutsche Gebirgsrepublik – ein Engpass an dem anderen.

Warum ist die DDR so eine hervorragende Sportnation? Weil die Menschen dort beizeiten lernen, sich nach der Decke zu strecken.

Kennt ihr die drei kleinsten Bücher der Welt?
Das rumänische Arbeitsrechtbuch.
Das polnische Kochbuch.
Der Reiseatlas der DDR.

Sagt der FDJ-Sekretär zu seiner Jugendbrigade: »Ich habe eine gute und eine schlechte Nachricht für euch. Welche wollt ihr zuerst hören?«
»Natürlich zuerst die schlechte«, beschließen die Jugendlichen.
»Also, wir müssen morgen 500 Säcke Kartoffeln verladen. Und nun die gute. Es sind weder Säcke noch Kartoffeln da.«

Ein dicker DDR-Mops und ein ganz dürrer polnischer Schäferhund treffen sich auf der Brücke der Freundschaft in Frankfurt an der Oder.
Fragt der Mops: »Wo willst du denn hin?«
Antwortet der Schäferhund: »In die DDR, mich mal wieder richtig satt fressen, aber was willst du bloß in Polen?«
»Ich? Mal wieder richtig bellen!«

Zwei DDR-Bürger stehen mürrisch an der Straße. Der eine hat fünf Kinder, der andere einen kaputten Fahrradmantel. Was denken die beiden wohl? Scheiß DDR-Gummi!!!

Festlegung: Leipzig wird zur Heiligen Stadt der DDR erklärt. Großes Erstaunen, warum bloß? Jedes Jahr zwei Messen und zwischendurch Fasten.

Am 7. Oktober, dem Gründungstag der Deutschen Demokratischen Republik, gab es immer zwei Klassen. Die Klasse der Ausgezeichneten und die der Beleidigten.

Das Fernsehen der DDR sendet für gewöhnlich drei Arten von Nachrichten: wahre, wahrscheinliche und unwahrscheinliche. Zur ersten Art gehört die Zeitansage; zur zweiten Art die Wettervorhersage und zur dritten Art gehört der Rest.

Ein LKW der NVA bleibt in tiefem Schlamm stecken, doch der Fahrer hat Glück. Ein Jeep hält, vier junge Offiziere steigen aus und bieten ihre Hilfe an. Unter allergrößten Kraftanstrengungen gelingt es ihnen, den LKW aus dem Schlamm zu ziehen. »Das wäre geschafft«, freut sich der eine Offizier. »Was haben Sie denn geladen?« »35 Soldaten!«

Warum gibt es in der DDR keine staatliche Familienplanung? Weil die Produktionsmittel immer noch in privater Hand liegen.

Zwei Schneeflocken fliegen sachte vom Himmel. Fragt die eine die andere: »Wo fliegst du hin?« Antwortet die andere freudig erregt: »In die DDR, ein bisschen Panik machen!«

In der DDR haben zum ersten Mal Miss-Wahlen stattgefunden. Toll, und wie war das Ergebnis? Die Frau von Günter Mittag wurde zur Miss Wirtschaft, die Frau von Erich Mielke zur Miss Trauen und Margot Honecker wurde zur Miss Bildung gewählt.

Toilettenfrau im Palast der Republik zu sein, ist eine besondere Auszeichnung. Demzufolge muss eine Aufnahmeprüfung abgelegt werden. Die erste Bewerberin wird gefragt: »Was bedeutet das, wenn ein großes M zu lesen ist?« Sofort die Antwort: »Das ist ein Klo für Männer!«
»Sehr gut, und was ist das, wenn ein großes F steht?
Wieder ganz schnell: »Das ist ein Klo für Frauen!«
»Ausgezeichnet, und was ist das, wenn an der Tür ein roter Stern angebracht ist?« »Das ist ein Klo für die sowjetischen Soldaten.« »Ausgezeichnet. Prüfung bestanden.«
Draußen warten die anderen Mitbewerber der Toilettenfrau, sie wollen wissen, wie es war. »Ach eigentlich gar nicht schlimm«, beteuert sie, »zwei Fachfragen und eine in M-L*.«

**Marxismus-Leninismus*

Ein Westberliner Junge besucht Ostberlin. Er spielt mit einem Gleichaltrigen. »Ätsch, wir haben Bananen«, brüstet sich der kleine Wessi.
»Ätsch, wir haben den Sozialismus«, entgegnet der Ostberliner Junge.
»Den könnten wir längst auch schon haben, wenn wir wollten«, behauptet der West-Junge.
Der kleine Ossi: »Ätsch, dann hättet ihr aber keine Bananen mehr!«

Die politische Schulung für die Bevölkerung in der DDR ist in der Regel kostenlos. Sie ist aber für gewöhnlich auch umsonst.

Der Aal heißt in der DDR »Dreifarbenfisch«. Warum? Grün wird er gefangen, braun geräuchert und schwarz verkauft.

Spontane Bezeichnungen für den Mix-Kaffee:
EK – Erichs Krönung
KE – Kaffee-Entziehungskur
HO-MO – Honeckers Mokka
E-DE-SCHO – Erichs Devisen Schoner

Drei Schüler rätseln, wer wohl die schnellsten Autos hätte.
Der Erste: »Ganz bestimmt die Amerikaner!«
Der Zweite: Ich denke mal, die Franzosen!«
Der Dritte: »Ich sage euch, die schnellsten Autos hat die DDR.«
»Das kann doch wohl nicht sein!«, sind sich die ersten beiden einig.
»Doch«, der Dritte unbeirrt, »mein Vater hat um 16.00 Uhr Feierabend und ist mit seinem Wartburg schon um 15.00 Uhr in unserem Garten.«

Ein aktiver älterer Radsportler möchte die neuen Sehenswürdigkeiten von Berlin betrachten. Er schwingt sich auf sein Fahrrad und fährt ins Zentrum von Berlin. Am Staatsratsgebäude will er sein Fahrrad abstellen und zu Fuß zum Alexanderplatz laufen. Aber er wird aufgehalten. Ein junger Mann stürzt aus dem Gebäude und sagt: »Mensch, Opa, hier können Sie doch nicht Ihr Fahrrad abstellen. Wir erwarten jeden Moment eine sowjetische Delegation.« »Na und«, sagt der ältere Herr, »mach dir keine Sorgen, ich habe es doch angeschlossen.«

Warum lässt die DDR in letzter Zeit so viele DDR-Bürger ausreisen? Weil sie ihren 35. Geburtstag* im engsten Familienkreis feiern will.

**Der 35. Jahrestag war im Oktober 1984.*

Erich Honecker hält auf dem Neujahrsempfang der Diplomaten wie immer eine Rede und hebt dabei besonders die wichtigsten Städte der DDR hervor: Er würdigt Berlin als Hauptstadt der DDR, Leipzig als die größte Messemetropole und Dresden als Heldenstadt.
»Wieso denn Heldenstadt? Dresden ist doch als Kunststadt bekannt?«, fragen einige Reporter nach.
»Natürlich ist Dresden Kunststadt«, bestätigt Honecker, »aber auch Heldenstadt. Wir haben sie schon seit vielen Jahren von der Versorgung abgeschnitten, aber die Leute leben immer noch.«

Was ist die Höchststrafe in der DDR? Mindestens fünf Jahre ohne Beziehungen!

Die DDR ist ein Staat mit der höchsten Sparsamkeit an Energie. Sie blendet, ohne zu leuchten.

In der DDR gibt es bekanntlich keine Arbeitslosen.
Jeder hat Arbeit, trotzdem arbeitet keiner.
Obwohl keiner arbeitet, werden die Pläne erfüllt.
Obwohl die Pläne erfüllt werden, gibt es nicht alles.
Obwohl es nicht alles gibt, haben die Leute alles.
Obwohl sie alles haben, meckern sie.
Obwohl alle meckern, sind sie doch zufrieden.
Und warum sind sie zufrieden?
Weil es in der DDR keine Arbeitslosen gibt!

Gibt es einen Unterschied zwischen der DDR und der Titanic?
Nein, es gibt keinen Unterschied: Unten saufen die Leute ab, in der Mitte wird getanzt und oben weiß man von all dem nichts.

Eine erfolgreiche DDR-Sportlerin zeigt ihrer Großmutter auf dem Globus, wo sie überall schon mal war. »Schau mal, Omi, hier ist Afrika, und dieser große Erdteil ist Asien. Und hier Amerika, da war ich auch.« Die Oma ist beeindruckt. »Und wo ist unsere DDR?« Die Enkeltochter versucht zu zeigen: »Dieser ganz kleine, klitzekleine Fleck hier, das ist die DDR.« Ungläubig fragt die Großmutter: »Du, sag mal, ob das der Honecker auch weiß?«

Worin bestehen die Unterschiede in den Arbeits- und Lebensbedingungen einer Französin und einer DDR-Frau?
Die Französin hat an ihrer linken Seite ihren Ehemann, an ihrer rechten Seite ihren Geliebten, hinter sich hat sie eine rauschende Nacht und vor sich das nächste Rendezvous.
Die DDR-Frau hat ebenfalls an ihrer linken Seite ihren Ehemann, an der rechten Seite ihre drei Kinder, hinter sich hat sie die Nachtschicht und vor sich die nächste Qualifizierung.

Warum werden in den Schuhfabriken der DDR die Absätze neuerdings an der Schuhspitze angebracht?
Damit auch der Letzte begreift, dass es nur aufwärts geht.

Ein Gast erfreut zum Küchenchef eines neu eröffneten Interhotels: „Donnerwetter, Sie können ja PNP-Schnitzel zubereiten. Der Küchenchef bedankt sich für dieses Lob und fragt aber vorsichtshalber nach: „Was sind eigentlich PNP-Schnitzel?“ Der Gast erläutert: „Auf beiden Seiten Paniermehl und in der Mitte nichts.“

Was ist der Unterschied zwischen einer Berlinerin und einer Rostockerin?
Die Berlinerin geht einkaufen. Die Rostockerin geht auf Nahrungssuche.

Die DDR hat Weltniveau – ... wo ... wo ... wo ..., schallt es zurück.

Anlässlich eines Jahrestages der DDR fordert eine Lehrerin ihre Schüler auf, die DDR in einem Bild zu beschreiben. Ein Schüler beginnt: »Die DDR ist für mich wie ein großer Baum. Fest verwurzelt im sozialistischen Lager, wächst und gedeiht er.«
Der nächste Schüler: »Die DDR ist für mich ein riesengroßer Traktor, der immer vorwärts fährt, und überall, wo er den Boden umpflügt, wächst und gedeiht alles.«
»Ich stelle mir die DDR als ein stolzes Schiff vor«, meldet sich Kalle zu Wort. »Das Schiff trotzt jedem Sturm und jeder See und die Leute stehen an Deck ...«
»Ein wunderschönes Bild, Kalle«, unterbricht ihn die Lehrerin.
Kalle fährt unbeirrt fort: »Und die Leute stehen an Deck und kotzen und kotzen ...«

Walter schützt vor Torheit nicht

Witze über Walter Ulbricht muss man hören, besonders wenn sie von einem talentierten Imitator vorgetragen werden. Diese Fistelstimme, dazu der unübertroffene sächsische Dialekt: »Nu, nu, Genossen!« Als Erster Sekretär des ZK der SED und Staatsratsvorsitzender besaß er bis Anfang 1971 die entscheidende Machtposition in der DDR.

Wann schrieb Lenin: »Lernen, lernen und nochmals lernen?« Als er das Schulzeugnis von Walter Ulbricht sah.

Walter Ulbricht besucht eine LPG. Die Bauern diskutieren mit ihm, ob beim Anbau künftig Früh- oder Spätkartoffeln den Vorrang haben sollten. Im Schlusswort sagt Ulbricht: »Liebe Genossinnen und Genossen, wir brauchen weder früh Kartoffeln noch spät abends Kartoffeln, sondern vor allem mittags welche auf dem Tisch!«

Walter Ulbricht gibt einem westdeutschen Reporter ein Interview. Er wiederholt alle Kernsätze seiner letzten Reden und schließt mit dem bemerkenswerten Hinweis, dass in der DDR weiterhin im Sinne des Neuen Kurses gearbeitet wird. Der Westreporter stutzt: »Entschuldigen Sie bitte, aber Ihr Ministerium für Handel und Versorgung hat gerade eine Lebensmittelverknappung für den Sommer angesagt?«
»Na und«, verteidigt sich Ulbricht gelassen, »vor einem Jahr hätten wir sie nicht mal angekündigt.«

Walter Ulbricht, im früheren Leben Tischler, hält sich besuchsweise im Moskauer Kreml auf. Er beobachtet einen kleinen, glatzköpfigen Mann, der sich an der Heizung zu schaffen macht. »Den kenn ich doch ..., den kenn ich doch?«, grübelt Ulbricht. Da kommt die Erleuchtung: »Mensch, du bist doch Nikita, Nikita Chruschtschow! Was machst du denn hier?« Nikita kleinlaut: »Weißt du, ich bin froh, den Posten als Schlosser hier überhaupt bekommen zu haben.« Walter entrüstet: »Das kann doch nicht sein! Du warst mal der erste Mann in diesem Staat. Pass auf, ich spreche mal mit Breschnew.« »Würde ich dir nicht raten«, entgegnet Chruschtschow, »der braucht auch noch einen Tischler.«

Habt ihr schon gehört? Der Leiter vom Leipziger Hauptbahnhof ist verhaftet worden. Warum denn? Er hat bei der Ankunft von Ulbrichts Sonderzug gerufen: »Zurücktreten! Bitte sofort zurücktreten!«

Welcher ist der wichtigste Buchstabe im Alphabet? Wichtig sind eigentlich alle, aber am allerwichtigsten ist das »W«, denn sonst würde es heißen: »Alter Ulbricht«, »Arschauer Pakt« und »Affenbrüderschaft«.

Aus der aktuellen Rede des Genossen Walter Ulbricht: »Genossen, der Klassenfeind behauptet, dass wir keine Butter hätten. Aber das ist eine schamlose Lüge, wir haben nur kein Papier, um sie einzuwickeln.«

Freunde rufen bei den Ulbrichts an: »Wir gehen heute zu ›Figaros Hochzeit‹, habt ihr Lust mitzukommen?« »Nein«, antwortet Ulbricht, »wir kennen die Leute doch gar nicht.«

Walter Ulbricht besucht das Goethehaus in Weimar und wird durch die Gedenkstätte geführt. Bald langweilen ihn die Ausführungen, er zieht sich unbemerkt in ein Nebenzimmer zurück und setzt sich in einen bequemen Sessel. Als ein Museumswärter ihn dort bemerkt, versucht er ihm schonend beizubringen, dass sich niemand in Goethes Sessel setzen darf. »Genosse Ulbricht«, stottert er, »in diesem Sessel hat immer nur Goethe gesessen, also, ich will sagen, kein anderer darf dort sitzen. Es ist nämlich Goethes Sessel.« Ziemlich unwirsch antwortet Ulbricht: »Nu, das ist doch kein Problem. Wenn der Genosse wiederkommt, stehe ich eben auf.«

Genosse Ulbricht sitzt in der Kantine des Zentralkomitees. Er hat riesigen Hunger. »Was können Sie mir denn empfehlen?«, fragt er erwartungsvoll den Kellner. »Genosse Ulbricht, wir haben heute ganz frischen Kaviar hereinbekommen. Den kann ich Ihnen natürlich besonders empfehlen.« »Kaviar, was ist das eigentlich?«, fragt Ulbricht verständnislos nach.
»Das sind Fischeier«, erklärt der Kellner.
»Na gut«, lenkt Ulbricht ein, »dann hauen Sie mir mal fünf davon in die Pfanne!«

Losung zur Eröffnung des Fernsehturms 1969: Es lebe der Fernsehturm mit Walter Ulbricht an der Spitze.

Walter und seine Frau Lotte Ulbricht beobachten während eines Spazierganges, wie ein Bauer Pferdeäpfel von der Straße aufsammelt. »Nu, Genosse Bauer«, fragt Walter interessiert, »weshalb sammeln Sie die denn auf?« »Die sind für die Erdbeeren«, antwortet der Bauer. Daraufhin Walter zu seiner Frau: »Siehste, Lotte, es muss nicht ständig Schlagsahne sein.«

Der wanderfreudige Ulbricht schlägt seiner Frau Lotte vor, einen Ausflug in die Schorfheide zu unternehmen. Los geht's. Unterwegs kommen sie an einem wunderschönen, klaren Waldsee vorbei. Walter als bekanntlich guter Schwimmer will sofort in den See. »Ich habe doch keine Badehose für dich mit«, warnt Lotte. »Ist doch egal, hier kommt sowieso niemand vorbei«, erwidert Walter und schwimmt glücklich hinaus. Plötzlich kommt ein Reisebus daher, hält ausgerechnet an diesem See, und viele Leute strömen heraus. Walter wird es nun doch langsam peinlich, er bittet seine Lotte um Hilfe. Lotte: »Ich werfe dir ein ND* ins Wasser, das hältst du vor und kommst so unerkannt raus.« Gesagt, getan. Walter nimmt die Zeitung, bedeckt damit seine Blöße. Lotte ruft in letzter Sekunde: »Nicht unten abdecken, sondern oben! Unten kennt dich doch keiner!«

**Tageszeitung der SED*

Staatssicherheitschef Mielke und Vorsitzender vom Fußballclub Dynamo beklagt sich bei Ulbricht: »Du, ich finde, es gibt momentan zu wenig Fußball im Fernsehen.«
»Nu ja«, entgegnet Ulbricht, »bei dem schönen Wetter können sie auch wieder draußen spielen.«

Ein Lehrer informiert seine Schüler: »Nächste Woche besucht uns der Genosse Walter Ulbricht. Kann vielleicht jemand ein Gedicht aufsagen?«
Da meldet sich Karl-Heinz: »Unsere Katz' hat Junge, sechse an der Zahl, fünf sind Kommunisten, eins ist noch neutral.«
»Ein tolles Gedicht«, lobt der Lehrer, »das kannst du dann dem Genossen Ulbricht vortragen.
Eine Woche später besucht Walter diese Schule und fragt protokollgemäß: »Na, Kinder, kann mir jemand von euch vielleicht ein Gedicht aufsagen?«
Der Lehrer freut sich: »Karl-Heinz kennt ein besonders schönes.«
Karl-Heinz: »Unsere Katz' hat Junge, sechse an der Zahl, fünf sind jetzt im Westen, eins ist nicht normal.«
Der Lehrer völlig entsetzt: »Karl-Heinz, sag mal, letzte Woche ging das Gedicht doch noch ganz anders.«
»Selbstverständlich, Herr Lehrer, »aber letzte Woche waren die Kätzchen auch noch blind.«

Bei der Kohleversorgung gibt es jetzt überhaupt keine Probleme mehr.
Wieso denn das?
Weil Walter Ulbricht nun unter Tage ist.

Walter Ulbricht besichtigt ein Heizkraftwerk. Der Betriebsleiter führt ihn und zeigt die drei großen Heizkessel. »Genosse Ulbricht, diese Anlage fahren wir bereits seit mehr als zwei Jahren ohne Kesselstein«, brüstet er sich. »Nun gut, Genosse, Kopf hoch«, beruhigt Walter, »diesen Engpass werden wir auch noch überwinden.«

Breschnew, Husák, Kádár und Gomulka* befinden sich an Bord eines Flugzeuges, das tragischerweise abstürzt. Wo ist die Trauer am größten? In der DDR. Und warum? Weil Walter Ulbricht nicht dabei war.

**Alle waren Partei- und Regierungschef ihrer Länder – UdSSR, ČSSR, Ungarn und Polen.*

Walter Ulbricht spaziert bei strahlendem Sonnenschein mit einem Regenschirm über den Berliner Alexanderplatz. Ein Passant macht ihn darauf aufmerksam: »Genosse Ulbricht, es regnet nicht, strahlender Sonnenschein!«
Walter unerbittlich: »Nu, nu, hier vielleicht nicht, aber in Moskau!«

Walter Ulbricht liegt im Sterben. Er ist noch an verschiedenen Schläuchen angeschlossen, weil man ihn unbedingt am Leben erhalten will, bis die Weltfestspiele* in Berlin beendet sind. Honecker besucht ihn, setzt sich neben sein Krankenbett. Offensichtlich will Walter noch was sagen. Er bewegt die Lippen, kriegt aber nichts mehr heraus. Rasch greift er noch zu Zettel und Bleistift und kritzelt etwas darauf, dann stirbt er. Erich eilt zu seiner Begleitung und teilt den Tod Ulbrichts mit. »Und stellt euch vor«, ereifert er sich, »er hat mir sogar sein politisches Testament hinterlassen.« Aufgeregt entfaltet er das Zettelchen und liest laut vor: »Erich! Geh mit deinem Fuß vom Schlauch, ich kriege sonst keine Luft mehr ...!«

**Weltfestspiele der Jugend und Studenten 1973 in Berlin*

Vor seinem Tod hat Walter Ulbricht noch zwei Wünsche geäußert. Erstens: Er möchte in einem guten Sarg aus Naturholz mit DDR-Emblem oben beerdigt werden. Zweitens: Er möchte in Jerusalem beerdigt werden. Der erste Wunsch wurde sofort erfüllt, der zweite nicht. Warum nicht? Weil in Jerusalem schon mal einer wiederauferstanden ist.

Nach dem Tod ihres Mannes ruft Lotte Ulbricht fast täglich im Himmel an: »Genosse Petrus, bitte, ist mein Mann schon im Himmel angekommen?«
»Nein, aber wir erwarten ihn.«
Dieses Gespräch wiederholt sich unzählige Male. Lotte am Ende ihrer Kräfte: »Genosse Petrus, ist mein Mann nun endlich im Himmel eingetroffen?«
»Nein, Genossin Ulbricht, aber Ihr Mann hat den Himmelfahrtstag schließlich abgeschafft und zu Fuß dauert es halt etwas länger!«

Honecker telefoniert mit Ulbricht, der ja inzwischen im Politikerhimmel weilt. Sie schwatzen ausgiebig. Zum Schluss fragt Erich: »Walter, kann ich noch irgendetwas für dich tun?«
»Ja«, antwortet Ulbricht, »wenn der nächste Politiker stirbt, gib ihm doch bitte ein Essbesteck mit.«
»Wieso das denn«, fragt Honecker völlig verwundert, »müsst ihr etwa mit den Händen essen?«
»Nein, das gerade nicht, aber wenn die Adenauer-Truppe Tischdienst hat, muss ich immer mit Hammer und Sichel essen.«

»Niemand hat die Absicht, eine Mauer zu errichten ...« WALTER ULBRICHT

Der 13. August 1961 war ein wunderschöner Sommertag. Viele Familien genossen mit ihren Kindern die schulfreie Ferienzeit. Die Nachricht über den Mauerbau überraschte alle. Vor allem Berliner Familien waren betroffen, weil sie über Nacht auseinandergerissen wurden. Die Zukunft war völlig unklar. Trotzdem: Der letzte Stein war noch nicht gemauert, und die Witze über die Mauer kursierten schon.

Warum wurde die Mauer am 13. August 1961 in der DDR errichtet?
Es gab gerade genug Sand, Mörtel und Steine.

Über 50 000 Bürger haben sich im August 1961 beim Leichtathletikverband angemeldet. Das nennt man Sportbegeisterung. Sie wurden aber nicht aufgenommen. Sie wollten nämlich Stabhochsprung trainieren.

»Sie brauchen gar keine Fahrerlaubnis zu machen«, überrascht der Fahrlehrer seinen Schüler. »Warum denn das nicht?«, fragt dieser völlig erstaunt. »Werfen Sie einen Blick in die Straßenverkehrsordnung! Dort steht nämlich: Fahren in umzäunten Grundstücken ist auch ohne Fahrerlaubnis gestattet.«

Westberlin soll jetzt überdacht werden, damit man vom Flugzeug im Landeanflug auf Berlin-Schönefeld den faulenden und langsam sterbenden Kapitalismus nicht mehr sehen muss. Die Mauern stehen schon.

Zwei Soldaten laufen an der Mauer entlang. »Schau mal, da drüben dieser herrliche Regenbogen«, bewundert der eine Soldat. »Ja, ja«, sagt der andere, »aber für Arbeiter haben sie kein Geld übrig.«

Zwei DDR-Grenzsoldaten stehen Wache und starren in Richtung BRD. »Woran denkst du jetzt?«, unterbricht der eine das Schweigen. »Ich denke daran, woran du auch denkst.« »Dann muss ich dich jetzt leider verhaften.«

Die Autobahn Berlin–Rostock kann nun doch nicht gebaut werden. Wieso denn so plötzlich nicht? Weil die Betonteile erst einmal um Berlin zum Trocknen aufgestellt wurden.

Fragt ein Freund den anderen: »Sag mal, was würdest du tun, wenn die Mauer ein Loch hätte und man einfach so durchgehen könnte?« »Na, was schon? Ich würde mich hinten anstellen und warten, bis ich dran bin.«

Was ist, wenn der Berliner Fernsehturm umfällt? Dann kann man in seinem Fahrstuhl in den Westen fahren.

Wer ist der allergrößte Feldherr überhaupt? Natürlich Walter Ulbricht. Er hat schließlich 2 Millionen Menschen in die Flucht geschlagen und 17 Millionen gefangen genommen.

Es ist schwarz, fliegt durch die Luft und darf trotzdem nicht in den Westen. Was ist das? Ein Pechvogel!

Willy Brandt und Konrad Adenauer teilen Walter Ulbricht mit, dass sie auf keinen Fall mehr mit ihm Skat spielen werden, denn: Er reizt nur bis 13 und fängt danach sofort an zu mauern.

Wie heißt das blumenreichste Land der Welt? Das ist die Deutsche Demokratische Republik: 17 Millionen Mauerblümchen und eine Bartnelke!

Treffen sich zwei Maulwürfe an der Mauer. »Los!«, sagt der eine zu dem anderen. »So, wie wir heute arbeiten, werden wir morgen leben!«

Zwei Bauarbeiter laufen auf der Mauer entlang. Sagt der eine zu dem anderen: »Was machst du, wenn ich dir jetzt 'nen Arschtritt gebe?«
Antwortet der andere: »Dann schicke ich dir jedes Jahr ein Westpaket.«

Kennt ihr die Lieblingssportart der DDR-Bürger? Natürlich das Bobfahren – links ist eine Mauer, rechts ist eine Mauer und ansonsten geht's bergab.

Zwei Grenzsoldaten machen ihren Kontrollgang an der Berliner Mauer. Fragt der eine: »Was würdest du tun, wenn die Mauer plötzlich einstürzen würde?«
»Ich würde sofort auf einen Baum klettern.«
»Wieso denn das?«
»Na, denkst du, ich will totgetrampelt werden?«

Im Jahr 2014 dürfen alle DDR-Bürger in den Westen reisen. Warum? Weil die DDR 65 wird.

Ein Mann hockt mit einem Fernglas auf der Berliner Mauer und schaut in Richtung Westen. Ein Grenzpolizist kommt vorbei und fragt ihn: »Was machen Sie denn da? Es ist eigentlich verboten, hier zu sitzen.«
»Entschuldigung, Genosse«, sagt der Mann, »ich habe den Auftrag, den Untergang des Kapitalismus zu beobachten.«
»Werden Sie dafür bezahlt?«, fragt der Grenzsoldat.
»Ja, natürlich«, antwortet der Mann, »ich bekomme monatlich 700,00 Mark dafür.«
»Das ist ja nicht gerade ein Spitzenverdienst«, meint der Grenzer.
»Stimmt schon, aber dafür ist es ein Job auf Lebenszeit.«

Erich währt am längsten

Womöglich ist er eine der tragischsten Figuren der jüngsten deutschen Geschichte. Ein saarländischer Jungkommunist und Antifaschist beginnt nach dem Krieg in der späteren DDR seine politische Laufbahn. Zielstrebig schafft er es zum Ersten Mann in Partei und Staat. Anfänglich Sympathieträger im In- und Ausland, muss er 1989 den Zusammenbruch seines Weltbildes erleben. Aber auch vor solchen Tabus machen Witze nicht halt, schon gar nicht Witze in der DDR.

Dass Erich Honecker der Nachfolger von Walter Ulbricht wurde, war reiner Zufall. Eigentlich sollte es Willi Schwabe* werden, weil er der Einzige ist, der sich in dieser Rumpelkammer auskennt.

**Populärer Schauspieler, moderierte im DDR-Fernsehen viele Jahre die »Rumpelkammer«, in der alte Ufa-Filme vorgestellt wurden.*

Honeckers alte Mutter ruft ihren Sohn an: »Na, mein Erich, wie geht es dir, bist du immer noch Dachdecker?« »Nein, schon lange nicht mehr. Ich bin jetzt Staatsratsvorsitzender.«
»Staatsratsvorsitzender?«, fragt die Mutter verwundert. »Was ist denn das?«
Honecker überlegt: »Das ist so etwas Ähnliches wie ein Kaiser.«
»Ein Kaiser«, freut sich die Mutter. »Wo bist du denn Kaiser?« Erich ganz stolz: »In der DDR«. Darauf die Mutter entsetzt: »In der DDR? Da pass aber gut auf, dass dir die Kommunisten nicht alles wegnehmen!«

Was haben unsere Streichhölzer mit der Partei- und Staatsführung unter Führung des Genossen Erich Honecker gemeinsam?
Die Köpfe taugen nicht viel.

Honecker ist zu Gast in der Sowjetunion. Ihm zu Ehren findet ein Picknick am Baikalsee statt. Honecker ist total begeistert von der Natur, entfernt sich allein vom Lagerplatz, um die Aussicht zu genießen. Plötzlich steht ein riesengroßer Bär vor ihm. Honecker ist fast zu Tode erschrocken, doch neben dem Bär steht auch ein kleiner Engel und flüstert ihm zu: »Der Bär wird dich töten, also spring den Abhang hinunter, dir wird nichts passieren!« Erich sieht keinen anderen Ausweg. Er vertraut dem Engel, springt, schlägt auf die Steine auf und ist sofort tot. Im Himmel angekommen beschwert er sich bitter: »Vom Glauben habe ich ja nie viel gehalten, aber dass ihr so betrügt?« Petrus ist etwas verwirrt. Honecker klärt ihn auf. »Dein Engel hat mir gesagt, dass ich springen soll und dass mir nichts passieren würde. Das Ergebnis siehst du ja.« Petrus schaut sich in der Runde um. »Wann war denn der Vorfall?«, fragt er nach. »Am Donnerstag«, berichtet Honecker. »Wer hatte da Dienst?«, fragt Petrus drohend. Einer blickt ganz schuldbewusst und verschämt zu Boden. »Walter«, dröhnt Petrus, »ich habe dir solche Eigenmächtigkeiten untersagt!«

»Honecker geht mit einer Pistole in den Wald ...
Kennste den schon?«
»Nein, aber fängt gut an.«

Erich Honecker ist bei Breschnew in Moskau zu Besuch. Der schenkt ihm großzügig einen Anzug, der ihm wie angegossen passt. Als Erich den Anzug zu Hause anzieht, sind Ärmel und Hosenbeine viel zu kurz. »Da kann man mal sehen«, sagt Margot, »wie klein du dich immer in Moskau machst.«

Genosse Erich Honecker will nach Australien reisen, um die Technik der Kängurus zu studieren. Warum denn das? Um zu sehen, wie man mit leerem Beutel ganz große Sprünge machen kann.

Was ist ein HON? Ein Längenmaß für den Abstand zwischen zwei Honecker-Bildern.

Ein Mann fragt in der Kneipe seinen guten Freund: »Du, sag mal ehrlich, wie findest du eigentlich Erich Honecker?« Der Freund sieht sich vorsichtig um, führt den anderen aus der Gaststätte, läuft mit ihm durch stille Gassen, sieht sich noch mal um und antwortet: »Eigentlich finde ich ihn ganz gut.«

Ein Häschen kommt in einen Fischladen und fragt: »Hattu Aal?« »Nein, Hase.« Am nächsten Tag kommt das Häschen wieder und fragt: »Hattu Aal?« »Nein, Hase, wirklich nicht.« Als das Häschen am dritten Tag kommt und nochmals dieselbe Frage stellt, flippt der Verkäufer aus und droht: »Wenn du noch einmal nach Aal fragst, dann nagele ich dich dort an die Wand!« Das Häschen schaut zur Wand hoch, an der ein Bild mit Erich Honecker hängt, und fragt mitleidsvoll in Richtung Bild: »Hattu auch nach Aal gefragt?«

Erich Honecker läuft über den Alexanderplatz in Berlin und begegnet einem kleinen Jungen, der bitterlich weint.
Erich: »Was ist denn passiert, mein Junge? Kann ich irgendetwas für dich tun?«
Der Junge: »Ach, Genosse Honecker, ich bin hingefallen und habe mir meine neue Hose zerrissen.«
»Kein Problem«, sagt Erich, »wir gehen hier ins Kaufhaus und ich kaufe dir eine neue Hose, wenn du mir versprichst, mit 18 Jahren in die SED einzutreten.«
Darauf der Junge: »Genosse Honecker, ich bin aufs Knie gefallen, nicht auf den Kopf!«

Erich Honecker will endlich mal längere Zeit Urlaub machen, hat aber ein großes Problem. Wer soll in seiner Abwesenheit die DDR leiten? Seinen Politbürokollegen traut er es nicht zu. In seiner Not fragt er seine Schwester im Saarland um Hilfe. »Erich, frag doch mal den Helmut Schmidt, der ist nicht mehr Bundeskanzler, hat also Zeit und klug ist er auch.« Gesagt, getan. Erich fragt nach und Helmut erklärt sich bereit, die Vertretung zu übernehmen. Zur Einweisung offenbart ihm Honecker: »Wir haben vor allem drei äußerst schwierige Probleme: erstens die lückenhafte Versorgung der Bevölkerung, zweitens die Wohnungsmisere und drittens nimmt der Einfluss der Kirche zu.«
»Keine Angst, das werde ich schon managen, fahr du in den Urlaub und erhol dich gut!«
Als Honecker aus dem Urlaub zurückkehrt, überrascht ihn Schmidt mit der erfreulichen Nachricht, dass er alle drei Probleme gelöst hätte. Erich wundert sich: »Wie hast du das bloß geschafft?«
»Ganz einfach«, erwidert Schmidt. »Ich habe die Grenze nach Polen geschlossen, schon waren die Versorgungsmängel beseitigt. Ich habe außerdem die Grenzen zur BRD geöffnet und schwuppdiwupp war die Wohnungsfrage gelöst. Die Kirche zurückzudrängen, war etwas schwieriger. Aber dann kam mir die rettende Idee. Ich ernannte Karl Eduard von Schnitzler* zum neuen Superintendenten.«

**Von Schnitzler moderierte im DDR-Fernsehen jahrelang die Sendung »Der schwarze Kanal«, in der er das System der BRD anprangerte.*

Warum spielt Honecker nicht Verstecken? Na, mal ehrlich, würdest du ihn suchen?

Ende der 60er Jahre wurde der Berliner Alexanderplatz umgebuddelt. Warum denn das? Man suchte nach dem Diplom von Margot Honecker, Bildungsministerin der DDR.

Honecker und Schmidt haben sich fast angefreundet. Erich besucht Helmut in Hamburg. Dieser fordert ihn besorgt auf: »Lege doch deinen schweren Rucksack in der Garderobe ab.«
Erich: »Das geht wirklich nicht, da ist mein Herzschrittmacher drin.« Da wundert sich aber Helmut Schmidt: » So ein riesiger Apparat? Meiner ist ganz klein.«
Erich erwidert: »Bei uns in der DDR funktioniert nun mal alles auf der Grundlage von Braunkohle, und ich muss natürlich mit gutem Beispiel vorangehen.«

Margot Honecker sieht eine Unterhaltungssendung im Fernsehen. Plötzlich ruft sie zu Erich:
»Erich, Erich, komm schnell, die Mathieu singt!«
»Wieso?«, fragt Erich, »ist das ein Schiff von uns?«

Kann man einen Elefanten ins Zentralorgan der Sozialistischen Einheitspartei Deutschlands einwickeln? Könnte möglich sein, wenn eine Rede Honeckers dort abgedruckt wäre.

Erich Honecker besucht eine Tapetenfabrik. Er wird durch die Produktionshallen geführt. Der Betriebsleiter berichtet stolz über die erzielten Erfolge, aber er nennt auch die Probleme: »Alle Ziele haben wir leider noch nicht erreicht, etwa zehn Prozent unserer Tapeten sind zweite Wahl.« Erich Honecker denkt kurz nach und fragt dann die ihn begleitenden Genossen: »Was meint ihr, ob die zehn Prozent für den Bevölkerungsbedarf reichen?«

Erich Honecker besucht wie jedes Jahr zur Schulferienzeit ein Kinderferienlager. Seine Aufmerksamkeit richtet sich auf ein kleines, hübsches Mädchen mit mandelförmigen Augen. Freundlich fragt er: »Wer bist du und woher kommst du denn?« Antwortet die Kleine: »Ich heiße Ming und komme aus Vietnam.« Erich hakt nach. »Und weißt du auch schon, wer ich bin?« »Na klar weiß ich das«, antwortet Ming, »du bist der King hier von diesem Chaos.«

Honecker will endlich mal sehen, wie es im Westen so ist. Er verkleidet sich als alte Oma, fährt zum Bahnhof Friedrichstraße und passiert problemlos die Passkontrollen. Endlich steht er frohen Mutes auf dem Bahnsteig. Da rempelt ihn ein altes Mütterchen an: »Mensch, Honni, was machst du denn hier?«
»Pssst«, faucht Honecker, »wie haben Sie mich denn nur erkannt?«
»Aber Honni, erkennst du mich denn nicht?«, fragt das alte Mütterchen. »Ich bin doch die Mielke-Oma!«

Kommt ein Ausländer in einen Laden, sieht ein Honecker-Bild an der Wand und fragt: »Ist das Ihr Geschäftsführer?« »Nein, der Hauptkassierer.«

Erich Honecker und Franz Josef Strauß treffen sich auf der Leipziger Messe. Fragt Honecker Strauß: »Könnten Sie mir vielleicht auch so ein schickes Auto besorgen, wie Sie es selbst besitzen?«
Strauß zeigt bayerischen Humor: »Mach' ich, das geht seinen sozialistischen Gang!«
Daraufhin Honecker: »Ach nein, das dauert mir wirklich zu lange.«

Eine Frau am Telefon. Sie will unbedingt mit Erich Honecker verbunden werden.
»Hallo Erich, erinnerst du dich noch an mich? Ich bin die Uschi Müller aus Berlin. Wir haben mal miteinander geschlafen.«
Erich sehr zögerlich: »Ja und, was soll ich tun?«
Die Frau: »Ich dachte mir, du würdest mir sofort helfen, für mich ein neues Auto zu besorgen.«
»Ja, natürlich«, sagt Erich, »gib der Sekretärin deine Adresse und alles verläuft nach deinen Wünschen.«
Einen Monat später ruft die Frau wieder an: »Hallo Honni, hier ist Uschi, danke für das Auto, aber kannst du mir vielleicht zu einer besseren Wohnung verhelfen?«
»Geht in Ordnung«, sagt Erich, »teile es meiner Sekretärin mit.«
Nach kurzer Zeit ein erneuter Anruf: »Hallo, hier ist die Uschi, du weißt schon, wir haben mal ...«
»Ja, was ist denn jetzt schon wieder?«, fragt Erich ziemlich unwirsch.
»Ich möchte gern mal ins kapitalistische Ausland reisen.«
»Sag mal«, erkundigt sich Erich vorsichtig, »wann soll das eigentlich gewesen sein, dass wir, ich meine, miteinander geschlafen haben?«
»Das weißt du nicht mehr? Auf dem letzten Parteitag! Du im Präsidium und ich in der zweiten Reihe.«

Erich Honecker bummelt ganz privat durch Berlins Hauptstraßen. Er sieht eine Frau, die prall gefüllte Einkaufstaschen trägt.
»Na, Genossin, da haben Sie aber ordentlich eingekauft!«
»Ja, Genosse Honecker, dafür musste ich aber über drei Stunden anstehen.«
»Aber Genossin«, entgegnet Honecker, »es gibt Länder in der Welt, da müssen die Leute für wenig Wasser einen ganzen Tag anstehen.«
»Ja, aber die sind dann schon auf einer höheren sozialistischen Stufe als wir.«

Honecker hat seinen Chirurgen verhaften lassen.
Warum denn das?
Er hat sich in seine inneren Angelegenheiten eingemischt.

Erich Honecker kommt mit folgenden neuen Erkenntnissen von einer Ostasienreise zurück: In Korea erlebte er, dass sich ein Staatsmann noch viel mehr feiern lassen kann; in China, dass eine Mauer noch viel länger, höher und breiter sein kann; in der Mongolischen Volksrepublik, dass man außerhalb der Hauptstadt auch in Zelten schlafen kann.

Honecker liegt im Regierungskrankenhaus, ihm geht es schlecht. Alle Politbüromitglieder sind um sein Bett versammelt. Mit schwacher Stimme fragt Honecker: »Ist Staatssicherheitschef Mielke hier und auch Verteidigungsminister Kessler?«
»Jawohl«, antworten alle Anwesenden.
Da richtet sich Honecker mit aller Kraft auf und fragt: »Und wer passt inzwischen auf das Volk auf?«

Honecker klopft ans Himmelstor und bittet um Einlass. Petrus fragt ihn, ob er in den kapitalistischen oder den sozialistischen Himmel möchte. »Selbstverständlich in den sozialistischen«, antwortet Erich. Petrus ist einverstanden. »Aber zum Mittagessen kommst du zu uns rüber«, bemerkt er noch. »Warum denn das?«, fragt Honecker genervt. »Für einen allein kochen wir nicht.«

Honecker empfängt seinen tschechischen Amtskollegen Husák in Berlin. Der hat eine brennende Frage: »Sag mal, Erich, wie löst ihr in der DDR eigentlich das Versorgungsproblem?« »Ganz einfach«, antwortet Honecker stolz. »Wir verkaufen alles in Berlin. Wie es dann abgeholt wird, bleibt der Eigeninitiative der Werktätigen überlassen.«

Eine Lehrerin fragt ihre Schüler, was ein Trauerfall sei. Der erste Schüler meint: »Wenn ich mein Portmonee verliere, ist das ein Trauerfall.«
»Nein«, entgegnet die Lehrerin, »das ist ein Verlust.«
Der zweite Schüler sagt: »Wenn ein Unwetter unser Haus beschädigt, dann ist das ein Trauerfall.«
»Nein, auch nicht richtig, das nennt man einen Schaden.«
Ein dritter Schüler meldet sich zu Wort: »Ein Trauerfall ist, wenn Erich Honecker stirbt.«
»Richtig«, freut sich die Lehrerin, »das ist kein Verlust und kein Schaden – das ist ein Trauerfall.«

Honecker und Mielke spazieren gemeinsam im Winter durch ihren Wohnpark in Wandlitz. Plötzlich entdeckt Erich einen in den Schnee gepinkelten Satz: »Honecker ist doof!« Voller Empörung wendet sich Honecker an Mielke: »Du übernimmst sofort den Fall und präsentierst mir morgen die Täter!« Dienstbeflissen nimmt Mielke die Ermittlungen auf, nimmt eine Probe, fotografiert den Tatort. Am nächsten Tag teilt er Honecker etwas zögerlich mit: »Also, der Urin stammt von Egon Krenz, aber die Handschrift ist von deiner Frau Margot.«

Helmut Kohl und Erich Honecker gehen gemeinsam im Wald spazieren. Plötzlich Honecker zu Kohl: »Du Helmut, ich muss mal schnell ein dringendes Geschäft erledigen. Geh schon vor, ich komm' gleich nach.« Kohl läuft weiter, und Honecker kommt und kommt nicht. Kohl wird unruhig und geht zurück. Nach einigen Metern begegnet er einem Förster. »Entschuldigung, haben Sie zufällig Erich Honecker getroffen?«, fragt er. Der Förster beruhigend: »Ja, habe ich, und zwar mit dem ersten Schuss.«

Erich Mielke ruft Egon Krenz in höchster Verzweiflung an: »Stell dir mal vor, Egon, der Honecker läuft durch unsere Anlage und zieht ein Holzpferdchen hinter sich her.«
»Na ja«, stimmt Krenz vorsichtig ein, »lass ihn doch. Er ist zurzeit ziemlich nervös und Entspannung tut ihm gut!«
»Verstehe ich alles«, sagt Mielke, »aber es ist mein Holzpferdchen!«

Alles Gute kommt von oben

Honecker, frisch ins Amt gewählt, und der VIII. Parteitag des ZK der SED verkünden die »Einheit von Wirtschafts- und Sozialpolitik«. Ein riesiges Bauprogramm wird auf den Weg gebracht, viele soziale Maßnahmen folgen. Das Ganze setzt eine hohe Arbeitsproduktivität voraus und die Erfüllung und Übererfüllung und Überübererfüllung der Volkswirtschaftspläne. Doch die Werktätigen sehen das lockerer. Volkseigentum wird schon mal sehr wörtlich genommen, und freitags nach eins macht sowieso jeder seins.

Die HO* soll bald in SED umbenannt werden. Wieso? Selten Etwas Da.

Handelsorganisation – größte Einzelhandelskette der DDR

Wie bekommt man das Gehirn eines DDR-Ökonomen auf Erbsengröße? Aufblasen, immer wieder aufblasen!

Warum gibt es in der DDR keine Bankräuber? Weil sie 15 Jahre auf ein Fluchtauto warten müssten.

Wer ist der allererste sowjetische Fensterproduzent? Nikita – Nie Kitt da.

Ein Mann in sehr fortgeschrittenem Alter kommt in einen Fleischerladen und fragt nach rohem Schinken. Die Verkäuferin sieht ihn verwundert an: »Was wünschen Sie?« »Ich möchte gern rohen Schinken, ungekocht, geräuchert, mit diesem besonderen Duft.«

Die Verkäuferin: »Haben wir nicht, kenne ich auch nicht.« Der Mann verlässt kopfschüttelnd den Laden. »Alle Achtung«, sagt die daneben stehende Kollegin zur Verkäuferin: »So alt und noch so ein gutes Gedächtnis!«

Wer sind die drei bedeutendsten Wirtschaftsstrategen der DDR?
Der Genosse Erich Honecker.
Der Genosse Günter Mittag.
Der Genosse Reiner Zufall.

Die DDR-Bürger befriedigen ihre Bedürfnisse immer öfter mit der »SKET-Methode«. Das ist eine äußerst effektive Methode: SKET = Sehen-Kaufen-Einlagern-Tauschen.

1989 läuft ein Mann völlig nackt mit einem Brötchen in der Hand über den Alexanderplatz.
Was beweist uns das? Das beweist, dass die Preise für Grundnahrungsmittel in der DDR nach wie vor stabil sind.

Kommt eine Hausfrau in ein Fischgeschäft und möchte gern Räucheraal kaufen. »Räucheraal«, stutzt die Verkäuferin, »liebe Frau, setzen Sie sich mal hier in die Ecke und passen Sie gut auf.« Die Kunden kommen und gehen. Die Verkäuferin bedient und bedient. Nach fast einer Stunde wird es der in der Ecke sitzenden Kundin zu viel. Sie fragt die Verkäuferin: »Wie lange soll ich denn noch auf meinen Räucheraal warten?«
Antwortet die Verkäuferin: »Sie sitzen jetzt fast eine Stunde hier, haben alles gesehen, haben alles gehört. Und hat irgendjemand von den vielen Kunden nach Aal gefragt?«
»Nein, wirklich nicht«, muss die Hausfrau zugeben.
»Na, sehen Sie. Glauben Sie wirklich, dass wir uns nur wegen Ihnen so einen Ladenhüter zulegen?«

Ein Handwerker stirbt und klopft an Petrus Tor. »Da bist du ja«, begrüßt ihn Petrus. Der Handwerker fragt ganz aufgeregt: »War es denn wirklich nötig, mich so früh zu holen?«
Petrus: »Warum früh?«
»Ich bin doch erst 40 Jahre alt!«
Behauptet Petrus zu seiner Verteidigung: »Das kann nun wirklich nicht sein. Ich habe mir deine Stundenzettel angesehen. Wenn ich alle diese Stunden zusammenrechne, bist du mindestens schon über 80.«

Schneewittchen liegt in ihrem wunderschönen Glassarg und niemand und nichts können sie zum Leben erwecken. Da kommt der Prinz vorbei und flüstert ihr nur ein paar Worte ins Ohr. Schneewittchen schlägt die Augen auf, springt aus ihrem Sarg und rennt schnell davon. Was hat der Prinz ihr wohl gesagt? »Im nächsten Gemüseladen gibt es Apfelsinen.«

Kaum zu glauben, die DDR wurde in das Guinness-Buch der Rekorde aufgenommen. Sie hatte die meisten Kinder pro Banane.

Erich Honecker hat Walter Ulbricht dank Breschnew endlich entmachtet. Das Paar Ulbricht hat demzufolge keine Privilegien mehr. Nun muss Ehefrau Lotte zum Einkaufen in eine ganz normale DDR-Kaufhalle gehen und natürlich lange anstehen. Erschöpft kommt sie nach Hause und lässt ihrem Zorn Luft: »Walter, kaum bist du einen Tag nicht mehr an der Macht, schon klappt es überhaupt nicht mit der Versorgung.«

Weißt du, warum ein Fahrschein in den öffentlichen Verkehrsmitteln der BRD zwei Mark kostet und in der DDR nur zwanzig Pfennige? Ganz einfach, weil du in der DDR zehnmal fahren musst, um etwas Bestimmtes zu kaufen.

Eine neue Verkäuferin soll in einem Landwarenhaus eingestellt werden. Der Verkaufsstellenleiter fragt die Bewerberin: »Sind Sie verheiratet?« Die Frau nickt.

»Haben Sie Kinder?« Die Frau voller Stolz: »Ja vier.«

»Und Schwiegereltern?« »Ja, natürlich.«

»Und haben sie vielleicht auch noch Geschwister?«

»Ja, sogar fünf. Und die wohnen alle in der Nähe, sodass man sich auch gegenseitig unterstützen kann.«

»Tut mir sehr leid«, sagt der Verkaufsstellenleiter, »dann kann ich Sie nicht einstellen. Von den Apfelsinen und Bananen, die wir selten geliefert bekommen, müssen wenigstens ein paar über dem Ladentisch verkauft werden.«

Es gibt ein neues Wirtschaftswunder in Deutschland. Die Wessis wirtschaften, die Ossis wundern sich.

In der Schule erfahren die Kinder, dass der Mensch vom Affen abstammt. Meint Karl-Heinz: »Aber die DDR-Bürger stammen bestimmt nicht vom Affen ab.« »Wieso denn nicht?«, fragt die Lehrerin. »Kein ehemaliger Affe kann es so lange ohne Bananen aushalten.«

Familie Müller hat 1977 einen PKW Trabant bestellt. Am gleichen Tag wird von der Anmeldestelle noch einmal angerufen: »Stellen Sie sich bitte darauf ein, dass wir Ihr Auto am 30. November 1997 ausliefern.« Vergewissert sich Herr Müller: »Vormittags oder nachmittags? Am Nachmittag sollen wir nämlich schon unsere Tiefkühltruhe bekommen.«

Gibt es in der Schweiz eigentlich ein Ministerium für Hochseefischerei?
Natürlich, es gibt ja schließlich in der DDR auch ein Ministerium für Handel und Versorgung!

Wisst ihr, warum die Zitronen so sauer sind? Sie sind die einzigen Südfrüchte, die in die DDR müssen.

Auf der Leipziger Frühjahrsmesse wird eine Salatgurke aus dem Umland von Tschernobyl mit Messegold ausgezeichnet. Der Grund dafür: Man kann sie auch als Taschenlampe verwenden.

Das Berliner Centrum-Warenhaus am Alexanderplatz wurde renoviert und auch die Abteilungen neu gestaltet. In der ersten Etage findet man jetzt den Intershop, in der zweiten Delikat und Exquisit und in der dritten Etage eine Dauerfotoausstellung über Obst und Gemüse.

Der Rostocker Schlachthof erfüllt seinen Produktionsplan nur zu 50 Prozent. Dem Direktor ist das peinlich. Er meldet 65 Prozent an die SED-Kreisleitung. Der Kreisleitungssekretär legt noch 10 Prozent drauf, bevor er den Bericht an die Bezirksleitung weiterleitet. Diese wiederum meldet eine Planerfüllung von 99,8 Prozent nach Berlin. Fix rundet das Wirtschaftsministerium auf 100 Prozent auf. Im Zentralkomitee freut man sich über das Ergebnis und entscheidet: Die Hälfte wird exportiert und der Rest bleibt für den Bevölkerungsbedarf.

Warum ist die Banane krumm? Weil sie immer einen großen Bogen um die DDR macht.

Eine Banane rast durch Ostberlin, eine Horde von Menschen ihr hinterher.
Kommt der Banane eine Kiwi entgegen. »Warum rennst du so?«, fragt sie die Banane.
»Du kannst Fragen stellen, komm bloß schnell mit, wenn die uns kriegen, fressen die uns auf.«
Gelassen antwortet die Kiwi: »Da muss ich mir keine Sorgen machen. Die kennen mich hier nicht!«

Vor dem X. Parteitag der SED ist im Zentralkomitee der neue Volkswirtschaftsplan entschwunden. Große Panik, man sucht ihn in der Staatlichen Plankommission, in der Hochschule für Ökonomie, selbst in der Sowjetischen Botschaft, aber stets ohne Erfolg. Plötzlich kommt eine Info vom Kupferstichkabinett in Dresden: »Der Plan hängt doch schon längst bei uns – als Radierung von Mittag*.«

**Günter Mittag, Mitglied des Politbüros, zuständig für die Wirtschaft*

Genossen der Parteiführung besuchen pflichtgemäß einen Produktionsbetrieb, diesmal einen Fahrstuhlhersteller. Sie verfolgen aufmerksam den Produktionsablauf. »Was wird denn hier produziert?«, fragt ein Genosse interessiert. »Na, Teile für den Fahrstuhl«, antwortet ein Arbeiter. »Und welches Teil produzieren Sie gerade?«, hakt der Genosse nach. »Das Schild: Außer Betrieb!«

Familie Maier besichtigt eine Neubauwohnung, die ihnen zugesprochen werden soll.
Frau Maier freut sich: »Schau mal, Hans, die wunderschönen Einbauschränke!« Der Angestellte der KWV* schüttelt den Kopf: »Das sind keine Einbauschränke, das sind die Kinderzimmer.«

**Kommunale Wohnungsverwaltung*

Eine japanische Wirtschaftsdelegation besucht die DDR. Nach ihren größten Eindrücken befragt, antworten die Japaner: »Am besten haben uns ihre drei Museen gefallen – Pergamon, Pentacon und Robotron.«

Warum ist die DDR-Wirtschaft in die Knie gegangen? Sie wollte gerade zum großen Sprung ansetzen, um die kapitalistische Wirtschaft zu überholen.

Auf einer Frühjahrssitzung des ZK der SED erklärt sich Günter Mittag: »Genossen, ich habe euch eine erfreuliche Mitteilung zu machen, ab 1. Mai wird der Lebensstandard in der DDR um 50 Prozent steigen.«
»Um 50 Prozent? Meinst du das im Ernst?«, fragen die Genossen nach. »Natürlich. Bis jetzt hatten wir unter Kälte und Versorgungsschwierigkeiten zu leiden, aber von Mai ab nur noch unter Versorgungsschwierigkeiten.«

Auf einem Gerüst stehen ein paar Maurer herum und trinken heimlich eine Flasche Wodka leer. Da stürzt einer ab und bricht sich das Genick. »Scheiß-Sauferei«, erkennt ein Maurer, »was machen wir jetzt bloß?«
»Wisst ihr was«, bemerkt ein anderer, »wir stecken ihm einfach die Hände in die Hosentaschen, dann sieht es wie ein Arbeitsunfall aus!«

Ein Funktionär der Französischen Kommunistischen Partei besucht die DDR und wird durch diverse Fabriken und über Baustellen geführt. Zum Abschied erklärt er: »Tröstet euch, Genossen, bei uns arbeitet die herrschende Klasse auch nicht!«

Ein Antrag von Werktätigen auf die Einführung der 35-Stunden-Woche wurde von der Gewerkschaft abgelehnt, und zwar mit der Begründung: Dann würden unseren Werktätigen pro Woche fünf Stunden Schlaf fehlen.

Der Trabi – rasantes Familienmitglied

Wenn ein lang ersehnter Kinderwunsch in Erfüllung geht, ist das für die Eltern ein großes Glück. Wenn man nach mindestens zehn Jahren Wartezeit den Trabi im Auslieferungslager in Empfang nehmen durfte, war das ebenfalls ein großes Glück. Er, der Trabi, irgendwie war er immer männlich, bekam sofort einen Namen. Meiner hieß Ottchen. Alle Besitzer liebten ihren Trabi, pflegten ihn und besorgten über die abenteuerlichsten Schleichwege Ersatzteile. So oder so war es immer ein Abenteuer mit ihm und daher immer spannend. Spannend waren auch die Witze, Witze mit einem liebevollen Augenzwinkern.

Wie lange dauert es, bis ein Trabant geliefert wird? Im Prinzip fünf Tage! Einen Tag für die Anmeldung, einen Tag für die Abholung und dazwischen drei Parteitage*.

**Die Parteitage der SED fanden im Abstand von 5 Jahren statt, also ca. 15 Jahre.*

Ob die USA jemals sozialistisch werden? Na klar, wenn der Präsident Trabant und nicht mehr Ford* heißt.

**Gerald Ford war der 38. Präsident (1974–1977) der USA.*

Warum schnallen sich Trabi-Fahrer so ungern an? Sie befürchten, für Wanderer mit Rucksack gehalten zu werden.

Ein Mann hält an einer Autobahntankstelle und bittet: »Ich hätte gern zwei Scheibenwischblätter für meinen Trabi.« Darauf wirft der Tankwart einen prüfenden Blick auf den Trabi und meint: »In Ordnung, das ist ein fairer Tausch.«

Wisst ihr, wer die größten Denker sind? Die Trabi-Fahrer. Sie denken, sie fahren ein Auto.

Den Trabant gibt es in vielen Farben, nur nicht in Schwarz. Warum bloß? Damit er nicht mit einem Brikett verwechselt wird.

Ein Amerikaner fährt seinen Chevrolet zu Schrott, steigt aus und schaut sich den Schaden an. »Sehr ärgerlich, eine ganze Woche für umsonst gearbeitet.«
Ein BRD-Bürger fährt seinen Benz zu Schrott, steigt aus und flucht: »Verdammt, einen Monat für umsonst gearbeitet.«
Ein DDR-Bürger fährt seinen Trabi zu Schrott, steigt aus und jammert herzzerreißend: »So ein Mist, ein ganzes Leben für umsonst gearbeitet.«
Da kommen die beiden anderen vorbei und fragen: »Warum hast du dir denn auch so ein teures Auto gekauft?«

Was bedeutet eigentlich die Bezeichnung »Trabant 601«? 600 haben ihn bestellt und einer hat ihn bekommen.

Ein Esel und ein Trabant begegnen sich. Sagt der Esel freundlich: »Guten Tag, Auto!« Antwortet der Trabi erfreut: »Guten Tag, Pferd!«
»Nanu«, wundert sich der Esel, »warum sagst du Pferd zu mir?«
»Na, du sagtest ja auch Auto zu mir.«

Auf Beschluss der DDR-Regierung soll auf dem Brandenburger Tor statt der Quadriga ein Trabi stehen. Die DDR möchte das Symbol des Krieges durch ein Symbol des technischen Fortschritts ersetzen.

Zu Ehren des Lutherjahres 1983 soll der Trabi in Luther umbenannt werden.
Kaum zu glauben. Wieso?
Luther sagte doch bekanntermaßen: »Hier stehe ich ... ich kann nicht anders!«

Voller Spannung erwarten die DDR-Bürger ein Sportwagenmodell ihres geliebten Trabants. Wie soll der denn aussehen? Mit Turnschuhen im Handschuhfach.

Wie kann man den Wert eines Trabis verdoppeln? Einmal volltanken.
Und wie kann man ihn vervierfachen? Eine Banane auf den Rücksitz legen.

Eine Anzeige in der Berliner Zeitung: Suche für meinen Trabant dringend eine Auspuffanlage. Biete Oma in Köln.

Was könnte passiert sein, wenn ein Trabi bei Grün noch an der Kreuzung steht? Ein Reifen klebt vermutlich an einem Kaugummi.

Kennt ihr den Unterschied zwischen einem Trabi 601 und einem Düsenjäger? Nicht? Den Düsenjäger sieht man, bevor man ihn hört, den Trabi hört man, bevor man ihn sieht.

Wie viele Personen benötigt man, um einen Trabant herzustellen? Im Prinzip zwei: Der eine falzt, der andere klebt.

Wichtiger Hinweis: DDR-Geheimnisträger sollten unbedingt einen Trabi als Dienstwagen nutzen! Wieso? Da kann sich der Fahrer mit den Knien die Ohren zuhalten.

Ein arabischer Scheich hat gehört, dass es in der DDR ein ganz tolles Auto geben soll, auf das man sehr viele Jahre warten muss. Unbedingt möchte der Scheich dieses Auto besitzen. Er schreibt an die DDR-Führung, pocht auf die guten wirtschaftlichen Beziehungen und äußert die Bitte, ihm doch dieses außergewöhnliche Auto zu schicken. Die DDR-Führung fühlt sich geschmeichelt. Sie veranlasst umgehend, den nächsten Trabi, der fertiggestellt wird, ins Emirat zu schicken. Eine Woche später trifft ein Dankschreiben des Scheichs ein. »Liebe Freunde, ich bin überglücklich, dass ich den lang ersehnten Trabant 601 bekommen werde. Vorerst bedanke ich mich für das schöne Modell.«

Womit kann man die Beschleunigung eines Trabants messen? Selbstverständlich mit einem Kalender.

Der Trabant ist wirklich ein echter Fortschritt im gesamten Automobilbau. Bei einem Unfall haben Fußgänger jetzt erstmals die Möglichkeit zurückzuschlagen!

Auf der Autobahn überholt ein Volvo einen Trabi. Einige Stunden später liegen beide Fahrer auf der Intensivstation. »Was ist Ihnen denn bloß passiert?«, fragt der Trabi-Fahrer.
»Ich bin mit einem LKW zusammengestoßen«, erklärt der Volvo-Fahrer. »Und was hat Sie hierher geführt?«
»Als Sie mich überholt haben«, klagt der Trabi-Fahrer, »bin ich ausgestiegen. Ich dachte, ich stehe.«

Zwei Trabis sind zusammengestoßen. Leider sind 13 Todesopfer zu beklagen. Die beiden Fahrer starben auf der Stelle. 11 weitere Bürger kamen im Kampf um die Ersatzteile ums Leben.

Warum ist der Trabant lackiert? Damit er bei Regen nicht gleich einläuft!

Warum konnten sich Sexshops in der DDR nicht durchsetzen? Weil Trabifahren besser wirkt als jeder Vibrator.

Der Trabant wird neuerdings mit zwei Auspuffrohren geliefert.
Wieso?
Wenn der Trabi kaputtgeht, kommen hinten zwei Stangen rein, und schon kann man ihn als Schubkarre verwenden.

Der Trabi hat auf der Leipziger Messe gleich zwei Preise erhalten.
Toll, wie hat er das geschafft?
Er wurde ausgezeichnet als formschönster Traktor und als leisester Panzer.

»Was ist mit meinem Trabant?«, fragt ein Kunde in der Reparaturwerkstatt.
»Seien Sie froh, dass es kein Pferd ist!«
»Wieso?«
»Sonst müssten wir es erschießen.«

Lieber 'ne Tante im Westen als 'nen Onkel im Politbüro – Devisen

Zwar weit weg und nicht immer zu erreichen – dennoch waren Westverwandte ein Segen. Man konnte sich auf Pakete zu Festtagen freuen, und bei Besuchen blieb schon mal der eine oder andere Westmarkschein in der DDR zurück, den wir als brave DDR-Bürger sofort in ein ziemlich wertloses Papier namens Forum-Scheck umtauschten. Doch ganz so wertlos war dieser wiederum auch nicht. Man konnte damit im Intershop einkaufen und je nachdem, wie viele Scheinchen man hatte, sich fast alle Wünsche erfüllen.

Ein altes Mütterchen aus einem kleinen Dorf kommt in die Stadt und gerät zufällig in einen Intershop. Sie packt sich ihren Einkaufskorb voll und geht an die Kasse, um zu bezahlen.
Die Kassiererin: »Gute Frau, mit DDR-Mark können Sie hier nicht bezahlen. Haben Sie denn keine Devisen?«
»Nein«, entgegnet das Mütterchen. »De Wiesen hat jetzt auch die LPG, wir haben nur noch de Wälder.«

Honecker fährt mal wieder über Land und entdeckt ein schönes Häuschen, davor steht ein tolles Auto, auch der Garten scheint zu blühen und zu gedeihen. Er will sich bei den Besitzern erkundigen, wie zufrieden sie sind, und klingelt. Ein kleiner Junge öffnet die Tür und fragt überrascht: »Wer bist du denn, Onkel?«
»Ich bin derjenige«, sagt Honecker stolz, »der dafür sorgt, dass es euch gut geht und dem ihr all das hier zu verdanken habt.«
Da ruft der Junge hocherfreut: »Mami, Mami, komm ganz schnell, Onkel Herbert aus München ist da!«

Kann Willy Brandt in die SED eintreten? Im Prinzip ja, wenn er die Parteibeiträge in D-Mark bezahlt.

Ein DDR-Rentner kommt von seinem ersten Besuch in der BRD wieder nach Hause. »Na, wie war es denn?«, fragt seine Frau gespannt.
»Eigentlich nichts Besonderes. Wie bei uns kriegst du für Westgeld alles.«

Warum gibt es in der DDR immer noch so viele Schlaglöcher? Weil niemand weiß, wie man sie exportieren kann.

Die Oma hat für ihren Sohn Rasierwasser aus dem Westen mitgebracht. Die Schwiegertochter reagiert etwas komisch darauf: »After-Shave? Brauchen wir wirklich nicht. Mein Mann rasiert sich nur im Gesicht.«

Als westlicher Import kamen in die DDR der VW Golf sowie japanische Autos. Mancher DDR-Bürger sah da gar nicht mehr durch. Sagt ein Bürger stolz: »Ich habe jetzt auch so einen neuen Ha-Wa-Zu-Zi.« Fragt sein Nachbar interessiert: »Ist das ein neuer japanischer Typ?« – »Nein, das ist meine Abkürzung für ›Hand-Wagen-Zum-Ziehen‹.«

Was ist dort, wo ein Genosse ist? Dort ist ein Weg.
Was ist dort, wo zwei Genossen sind? Dort ist eine Straße.
Und was ist dort, wo viele Genossen sind? Ganz bestimmt ein Intershop.

Bei Erich Honecker meldet sich ein junger Mann, der unbedingt und ganz schnell Mitglied der SED werden will. Erich sagt: »So einfach geht das nicht. Du musst dich erst einmal bewähren. Und außerdem ist in vier Wochen unser nächster Parteitag. Bis dahin ist sowieso Aufnahmesperre. Danach kannst du wieder bei mir vorsprechen.« Vier Wochen sind vorbei, der Parteitag beginnt und Erich hält den Rechenschaftsbericht. Ab und zu schaut er ins Publikum, und siehe da: In der ersten Reihe sitzt der Antragsteller, der kürzlich bei ihm war, schon als Delegierter. Honecker geht in der Pause zu ihm. »Nun bist du doch schon Mitglied der SED geworden, wie hast du das bloß gemacht?« »Weißt du was«, sagt das frischgebackene Mitglied, »über GENEX* geht heutzutage alles.«

**Geschenkdienst und Kleinexport GmbH, 1957 gegründet. Über diese Firma konnten Bürger westlicher Staaten DDR-Bürgern hochwertige Waren aus dem Westen, aber auch aus östlicher Produktion, z. B. Autos, schenken, diese aber in Westmark bezahlen.*

»Hast du schon gehört, dass in der DDR eine neue gesellschaftliche Organisation gegründet werden soll?«
»Nein, welche denn?«
»Die BMW natürlich – Bürger Mit Westgeld.«

Ein Rentner darf zum ersten Mal nach Westberlin fahren und verspricht seiner Frau, ihr etwas ganz besonders Schönes mitzubringen. Voller freudiger Erwartung empfängt ihn seine Frau bei der Rückkehr. Kleinlaut erzählt der Mann: »Weißt du, ich bin den Kurfürstendamm mehrmals rauf und runter gelaufen, und stell dir vor, ich habe keinen einzigen Intershop gefunden.«

Ein DDR-Bürger ist in den Westen ausgereist. Mit seinem ersten Westgeld geht er in einen Laden und verlangt eine Schachtel F6*.
»Die haben wir nicht!«, verkündet die Verkäuferin.
Daraufhin der Mann: »Oh Gott, geht das schon wieder los!«

**Eine der meistgekauften Zigarettenmarken der DDR*

Losung: Lieber rückwärts in den Intershop als vorwärts zum X. Parteitag der SED!

Tausende DDR-Bürger stehen vor dem IFA-Vertrieb in Berlin und warten auf ihren Wartburg. Endlich erscheint der Vertriebsleiter, öffnet die Tür und ruft: »Alle Bürger mit US-Dollar zu mir!« Etwa 50 Leute melden sich und erhalten daraufhin ihr Auto.
Der IFA-Mann kommt wieder: »Alle Bürger mit DM zu mir!« Zirka 100 Leute folgen ihm und erhalten ebenfalls ihr ersehntes Auto.
Der IFA-Leiter erscheint noch einmal und ruft: »Alle Parteisekretäre zu mir!« Etwa 500 Personen folgen der Einladung. Zu ihnen sagt er: »Ihr erklärt jetzt dem Rest, warum sie ihre Autos nicht bekommen!«

In Dresden wurde kürzlich eine Frau verhaftet. Was hatte sie verbrochen? Sie hatte ihre Wäsche im Westwind getrocknet.

Der Volkspolizist – dein Freund und Helfer

Kinder sangen gern das Lied vom Volkspolizisten, der es gut mit uns meint. Am Schluss verkündeten sie: »Und wenn ich mal groß bin, damit ihr es wisst, dann werde ich auch so ein Volkspolizist. Wir helfen den Menschen, ich bin mit dabei, beschütze die Kinder als Volkspolizei.« Besorgte Frage: »Was sollen wir bloß mit so vielen Volkspolizisten anfangen?«

Zwei Volkspolizisten finden einen Toten in der Jacques-Duclos-Straße. Sie müssen ein Protokoll aufnehmen. »Verdammter Mist«, stellt der erste Polizist fest, »wie schreibt man den denn? Jackes Dückloss, Jacke Duklose, Jack Duclo ... oder wie?«
»Mach dir keinen Kopf«, empfiehlt der zweite Polizist, »pack lieber mit an! Wir tragen ihn in die Müllerstraße!«

Margot Honecker ist zu einem großen Empfang der Volkspolizei eingeladen. Ein General der VP fordert sie zum Tanz auf. Er fragt sie während des Tanzes, ob sie als Volksbildungsministerin in den Schulen und anderen Einrichtungen nicht gegen die Volkspolizistenwitze einschreiten könnte. Die Volkspolizisten seien nicht so dumm, wie immer wieder leichtfertig behauptet wird. Freundlich erwidert Margot: »Ich kann es versuchen, Genosse General, aber merkwürdig ist es schon. Sie sind nämlich der Erste, der mich während der Nationalhymne zum Tanz geholt hat.«

Gibt es einen Unterschied zwischen einem Volkspolizisten und einem Zehnmarkschein?
Nein, es gibt keinen. Beide sehen grün aus, und wenn man sie braucht, ist keiner da.

Kannst du die drei Streifen auf den Achselklappen der Uniform der Volkspolizisten deuten?
Ja. Ein Streifen bedeutet: Er kann lesen.
Zwei Streifen bedeuten: Er kann schreiben.
Und drei Streifen bedeuten: Er kennt einen, der lesen und schreiben kann.

Große Sparmaßnahmen wurden im ZK der SED beschlossen. Honecker ist der Meinung, dass man auf den großen Dienstwagen verzichten könnte. Er schließt sich mit Mielke kurz: »Was meinst du, Erich, wenn wir beide täglich gemeinsam auf einem Pferd ins ZK reiten würden. Frische Luft usw. und wir sparen ungemein.« Mielke ist einverstanden. Am nächsten Morgen reiten sie los. An der ersten großen Straßenkreuzung kommt ihnen ein Polizist entgegen, hebt den Schwanz des Pferdes hoch und schüttelt mit dem Kopf. Honecker und Mielke sind verständnislos. An der nächsten größeren Kreuzung kommt wieder ein Polizist angerannt, hebt den Schwanz des Pferdes hoch und schüttelt auch den Kopf. Ungeduldig fragen Honecker und Mielke den Polizisten, warum er das tue. Sagt der Polizist: »So genau weiß ich das auch nicht, aber wir haben einen Funkspruch bekommen, in dem es heißt: ›Hier kommt ein Pferd mit zwei Arschlöchern vorbei‹.«

Zwei Volkspolizisten haben sich für eine höhere Laufbahn entschieden. Dafür müssen sie aber eine mündliche Prüfung ablegen. Beide schlottern vor Angst. Der erste Polizist wird aufgerufen und kommt nach ein paar Minuten wieder heraus: »War gar nicht so schlimm, nur eine, allerdings politische Frage: Wie heißt der Generalsekretär unserer Partei?«

»So eine schwierige Frage, sag bloß, du hast sie gewusst?«, zittert der Zweite immer noch. »Und wie heißt der denn?« »Honecker«, antwortet der erste Polizist gelöst. »Danke, also, den Namen schreibe ich mir gleich auf meine Schuhsohle.« Gesagt, getan. In der Prüfung wird ihm tatsächlich die gleiche Frage gestellt: Wie heißt der Generalsekretär unserer Partei? Verdeckt schaut er auf die Schuhsohle und sagt: »Salamander!«

Ein Volkspolizist geht über den Berliner Alexanderplatz und zieht einen riesigen Strohballen hinter sich her. Das sieht zufällig ein Oberleutnant der Volkspolizei: Was machen Sie denn da, warum ziehen Sie diesen Strohballen hinter sich her?«

»Genosse Oberleutnant, alles kann man nicht im Kopf haben.«

Ein Volkspolizist zieht mit seiner Frau in ein Hochhaus. Zum ersten Mal stehen sie vor dem Fahrstuhl. Der Fahrstuhl hält, sie wollen einsteigen, da warnt der Polizist: »Wir müssen warten, bis noch zwei weitere Leute kommen. Hier steht: Nur für vier Personen zugelassen.«

Ein kleiner Junge fragt einen Polizisten vertrauensvoll nach der Uhrzeit. Der schaut auf seine neue Digitaluhr und sagt: »3 geteilt durch 36, aber ausrechnen musst du dir das alleine!«

Auf dem Berliner Alexanderplatz steht eine riesige Menschenmenge und schimpft. Ein Volkspolizist hat einen Hund erschossen. Wieso, weshalb, warum?
Der Volkspolizist versucht sich zu erklären: »Der Hund war hundertprozentig tollwütig. Ich sehe das ganz genau.« »Und wie sehen Sie das?«, fragen die Herumstehenden.
Der Polizist erklärt: »Deutliche Merkmale: ziemlich trübe Augen und hängender Schwanz.«
Sagt eine ältere Frau besorgt zu ihrem Mann: »Komm weg hier, sonst erschießt der dich auch noch!«

Was könnte der kleinste Bauernhof der DDR sein? Vermutlich ein Polizeiauto. Hinten der Hund, vorne die Bullen und in der Mitte das arme Schwein.

Eine Polizistenfrau zu ihrem Mann: »Du stell dir vor, unser Sohn soll auf die Hilfsschule!« »Na gut, wenn er das Zeug dazu hat!«

Karl-Heinz raucht in der Schule. Ein vorbeigehender Polizist erwischt ihn dabei. Der Polizist droht: »Wenn ich dich noch einmal beim Rauchen erwische, werde ich diesen Vorfall deinem Vater melden müssen.« Vertrauensvoll erzählt Karl-Heinz den Vorfall seinem Vater.
Der Vater empört: »Der kleine Polizist soll sich nicht so aufspielen, der hat schon in der 8. Klasse geraucht.« Als Karl-Heinz erneut beim Rauchen erwischt wird, sagt der Polizist: »Nun werde ich mich an deinen Vater wenden.«
»Da werden Sie gar kein Glück haben, mein Vater weiß nämlich, dass Sie in der 8. Klasse auch schon geraucht haben.«
Verteidigt sich vehement der Polizist: »Da hat dein Vater dir aber vergessen zu sagen, dass ich damals schon 16 war!«

Wie öffnet ein Volkspolizist eine Konservendose? Er klopft an und ruft: »Aufmachen! Deutsche Volkspolizei!«

Zwei Volkspolizisten stehen auf der Straße und heulen und heulen. Kommt ein Passant vorbei und fragt, was denn los sei.
»Uns ist der Streifenhund davongelaufen«, klagt der eine Polizist.
»Ach«, tröstet der Passant, »der findet schon wieder nach Hause, zum Revier.«
»Ja, der schon, aber wir?«

Freudig teilt ein ehemaliger Polizist einem Freund mit: »Du, ich habe eine neue Arbeitsstelle erhalten, ich gehe zum Zirkus.«
Ungläubig fragt der Freund nach: »Und zu welchem Zirkus?«
»Ich gehe zum Werbe-Zirkus-Mantor.« »Zeig mir mal deinen Arbeitsvertrag!« fordert der Freund.
»Hier lies selbst!« Der Freund kann sich vor Lachen kaum halten: »Weißt du was, altes Haus, du bist gerade ins WEHRBEZIRKSKOMMANDO versetzt worden.«

Was steht für alle offensichtlich an der Tür der Kaderabteilung der deutschen Volkspolizei? Flaschenannahme.

Warum lächelt ein Volkspolizist ständig bei Gewitter? Er denkt bei jedem Blitz, dass er fotografiert wird.

Was sind die ersten vier schwersten Jahre im Leben eines Polizisten? Die erste Klasse!

Ein Afrikaner steht auf dem Berliner Alexanderplatz. Vertrauensvoll fragt er zwei Volkspolizisten, wie er zum Brandenburger Tor kommt. Er stellt die Frage auf Englisch, keine Antwort. Er stellt die Frage auf Französisch, keine Antwort. Er stellt die Frage auf Spanisch, keine Antwort. Der letzte Versuch auf Russisch, wieder keine Antwort. Verzweifelt rast der Afrikaner davon.
»Du«, sagt der eine Polizist, »hast du bemerkt, der Afrikaner hat vier Sprachen gesprochen, überleg mal, vier Sprachen!«
»Na und«, fragt der andere, »hat es ihm was genützt?«

Warum gehen die Volkspolizisten zumeist zu dritt auf Streife?
Weil sie sich so hervorragend ergänzen!
Der Erste kann lesen, der Zweite kann schreiben und der Dritte passt auf die beiden Intellektuellen auf.

Ein Volkspolizist kommt mit einem riesigen Blumenstrauß zu seiner Frau nach Hause. »Nanu«, staunt die Frau, »haben wir Hochzeitstag oder ein anderes Jubiläum?«
»Nein«, entgegnet er, »aber ich war heute der Beste im Dienst. Wir mussten nämlich ausrechnen, wie viel 6 mal 6 ist.«
»Und, was hast du als Lösung genannt?«, fragt die Frau wissbegierig.
»Ich habe 43 herausbekommen«, antwortet stolz der Polizist.
»Das ist doch völlig falsch«, resigniert die Frau.
»Na und, ich war schließlich derjenige, der am nächsten dran war.«

Woran erkennt man einen Volkspolizisten in einem Schuhgeschäft? Er ist wirklich der Einzige, der Schuhkartons anprobiert.

Ein Pfarrer, ein Künstler und ein Hilfsschullehrer erwarten ihre Bescheide auf ihre Ausreiseanträge. Der Pfarrer und der Künstler kommen nach kurzer Zeit ohne jegliche Hoffnung aus dem Dienstzimmer. Abgelehnt! Der Hilfsschullehrer kommt freudig heraus, ihm wurde sein Ausreiseantrag gewährt. »Man, wie hast du das bloß geschafft?«, fragen die anderen. »Ganz einfach. Ich gehe rein, begrüße ihn und sage: »Hallo, alter Kumpel! Du kennst mich doch noch. Mach es einfach so, wie ich es dir beigebracht habe. Hier kommt der Stempel hin. Ganz toll. Und hier deine Unterschrift.«

Ein Verkehrspolizist winkt höflich ein Auto an den Straßenrand und fragt: Haben Sie Restalkohol?« Der Autofahrer kopfschüttelnd: »Meine Güte, müsst ihr denn immer betteln?«

Ein Mathematiklehrer erteilt den Genossen beim Zoll Nachhilfeunterricht in seinem Fach. Nach einiger Zeit fragen ihn seine Kollegen: »Na, hast du Erfolg? Kommst du voran?« »Ich werde fast wahnsinnig«, gesteht der Lehrer, »das Einzige, was die Zollbeamten verstehen, ist Wegnehmen und Teilen!«

Ein neuer Lehrer fragt seine Schüler nach ihrem Namen und ihrem Berufswunsch. Der erste Schüler:
»Ich heiße Kalle.«
»Und was willst du mal werden?« »Weiß ich nicht.«
Der nächste: »Ich heiße Max.» »Und was willst du mal werden?« »Weiß ich nicht.«
Der Lehrer leicht genervt: »Weiß denn überhaupt jemand von euch, was er mal werden will?«
In der letzten Reihe meldet sich einer und sagt: »Ich möchte Polizist werden.« »Ein schöner Beruf«, lobt der Lehrer, »und wie heißt du?«
»Weiß ich nicht.«

Zwei Polizisten laufen Streife. Auf der Straße liegt ein Spiegel. Der eine Polizist hebt ihn auf und schaut hinein.
»Mensch, den Kerl kenn ich doch, da muss ich morgen gleich mal in die Fahndungsliste sehen.« Er steckt den Spiegel in die Jackentasche und geht nach Hause. Seine Frau hängt die Jacke auf und kontrolliert wie immer die Taschen. Sie findet den Spiegel, schaut hinein und ruft empört: »Dachte ich es mir doch! Fremde Frauen!«

Ein Volkspolizist sitzt mit seiner Frau im Kino. Die Filmszene zeigt gerade einen schwankenden Bootssteg, über den ein Polizist läuft. »Wetten, dass der gleich ins Wasser fällt?«, lacht seine Frau.
»Das glaube ich nicht«, meint ihr Mann. Doch gleich darauf plumpst der Polizist ins Wasser.
Der Volkspolizist erstaunt: »Ich habe den Film doch erst kürzlich schon mal gesehen und hätte nicht gedacht, dass der Kollege den gleichen Fehler noch mal macht.«

Ferienwelle Rostock, jeden Tag am Ostseestrand zu hören.
»Beim nächsten Ton ist es 8 Uhr. Und nun wiederholen wir die Durchsage für unsere Urlauber der Volkspolizei: 8 ist, wenn der große Zeiger nach oben zeigt und der kleine auf die Brezel.«

Die drei großen Staaten mit dem »U« – USA, UdSSR und Unsere DDR

Ein ganz kleiner Staat zwischen zwei Weltmächten, aber Unsere DDR hatte ja Unseren großen Bruder, die UdSSR. Die wiederum war auch die Größte, jedenfalls war sie das erste Land im Weltraum. Sie hatte sogar Anfang 1973 ein Mondmobil gelandet, das die Beschaffenheit des Mondes untersuchen sollte – Lunochod. Der Cheffahrer eines Konvois, der Honecker nach einem Besuch bei Breschnew zum Flughafen fahren soll, ruft aufgeregt bei diesem an: »Das geht nicht so weiter, der Honecker stoppt dauernd den Konvoi, steigt aus und sammelt Steine.« »Sofort zurückkommen«, befiehlt Breschnew, »ich habe ihm versehentlich das Lunochod-Programm installiert.« Noch Fragen zum Verhältnis DDR – UdSSR?

Zeit der Anerkennungswelle der DDR. Erich Honecker kommt abends aus dem ZK-Gebäude. Ein junger Soldat steht Wache und grüßt ihn. Als Erich am nächsten Morgen zur Arbeit kommt, steht der Soldat noch dort. Selbst am späten Abend, als Honecker das Gebäude wieder verlässt, steht der Soldat immer noch da.
»Genosse Soldat, Sie stehen ja schon fast zwei Tage hier. Warum denn das?«
»Ich muss hier zur Strafe stehen«, berichtet der Soldat zerknirscht.
»Was haben Sie denn getan?«
»Ich wusste nicht, wo die Malediven sind.«
»Na ja«, sagt Honecker, »Ordnung im Spind muss sein.«

Ein Gastdozent aus Moskau hält einen Vortrag an der Berliner Humboldt-Universität. Er brüstet sich: »Die Erfolge der sowjetischen Weltraumforschung werden der gesamten Menschheit zugute kommen. Eines Tages werden Sie ganz unproblematisch ein Flugticket zum Mond oder zur Venus buchen können.«
»Wunderbar«, meldet sich ein Student zu Wort, »vielleicht haben wir von dort Anschluss nach München oder Köln!«

Erich Honecker steht an der Mole in Rostock und beobachtet die Schiffe beim Beladen. Er fragt die Seeleute: »Wo fahrt ihr hin?« Die antworten: »Nach Kuba.« »Was bringt ihr dahin?«, fragt er nach.
»Maschinen und Fahrzeuge«, lautet die Antwort.
»Und womit kommt ihr zurück?« »Mit Apfelsinen.«
Honecker fragt die Besatzung eines zweiten Schiffes: »Wohin fahrt ihr?« »Wir fahren nach Afrika.« »Und was bringt ihr dorthin?« »Maschinen und Fahrzeuge«, lautet wieder die Antwort. »Und womit kommt ihr zurück?« »Mit Bananen.«
Honecker fragt auch noch neugierig die Besatzung eines dritten Schiffes: »Wohin fahrt ihr?«
»Wir fahren in die Sowjetunion.« »Und was bringt ihr dorthin?«, fragt nun Erich zutiefst interessiert.
»Apfelsinen und Bananen.« »Und womit kommt ihr zurück?« »Mit dem Zug!«

Leonid Breschnew hält eine wegweisende Rede: »Genossen, am Horizont zeichnen sich schon die Gipfel des Kommunismus ab.« Stürmischer Beifall. Kleinlaute Frage aus dem Publikum: »Was ist ein Horizont?«
»Das ist eine gedachte Linie. Je mehr man sich ihr nähert, desto weiter entfernt sie sich.«

Es gibt eine Vereinbarung zwischen der DDR und Polen. Die DDR-Bürger arbeiten und die Polen streiken. In diesem Zusammenhang ist auch eine Währungsreform geplant. Der Wechselkurs wird auf 1:1 festgelegt: eine DDR-Mark gleich ein Eimer Złoty.

Willy Brandt besucht zum ersten Mal die DDR. Er wird in Erfurt empfangen. Willi Stoph liest seine Begrüßungsrede vom Blatt ab. Danach spricht Brandt, frei, ohne jegliches Manuskript. Willi Stoph flüstert etwas pikiert seinem Nachbarn ins Ohr: »Du, ich glaube, der Brandt kann nicht mal lesen.«

Woher stammen eigentlich Adam und Eva? Welcher Nationalität waren sie?
Sie waren eindeutig Russen. Sie hatten nichts anzuziehen, sie hatten keine Wohnung und sie glaubten, sie wären im Paradies.

Reagan, Breschnew und Honecker fliegen über den Dschungel. Plötzlich stürzt das Flugzeug ab und sie werden von einer Horde Kannibalen gefangen genommen.

Der Häuptling: »Nennt mir das Land, woher ihr kommt, und wenn wir es kennen, wandert ihr nicht in den Kochtopf.« Reagan: »Ich komme aus den USA.« Häuptling: »USA? Kennen wir nicht, ab in den Kochtopf.« Breschnew: »Ich komme aus der UdSSR.« Häuptling: »UdSSR? Kennen wir nicht, ab in den Kochtopf.«
Honecker hat schon mit dem Leben abgeschlossen und sagt kleinlaut: »Ich komme aus der DDR.« Da geht ein Jubelschrei durch den ganzen Stamm, alle Kannibalen freuen sich grenzenlos. Zaghaft fragt Honecker den Häuptling, woher er denn die DDR kenne. Der Häuptling hoch erfreut: »Na, von dort importieren wir doch die Kochtöpfe.«

Die DDR soll bald in OSSR umbenannt werden. Sie würde dann Ostelbische Sozialistische Sowjetrepublik heißen.

Ein ausländischer Journalist fragt seinen DDR-Kollegen nicht ohne Argwohn: »Wie sind denn jetzt so die Beziehungen zu eurem großen Bruder, der Sowjetunion?« »Ausgezeichnet«, antwortet der pflichtgemäß, »wir liefern den Sowjets Getreide und die nehmen uns dafür unseren Zucker ab.«

Breschnew ist zum Staatsbesuch in China. Nach Abschluss der Verhandlungen bittet der chinesische Außenminister um ein persönliches Gespräch und natürlich um Wirtschaftshilfe. Breschnew fragt freundlich, was denn so gebraucht würde. »Fürs Erste wären wir mit 20 Traktoren zufrieden.« Breschnew überlegt kurz und stimmt zu. »Zweitens könnten wir ca. 1000 Fahrräder ausgesprochen gut gebrauchen.« Breschnew überlegt etwas länger und stimmt dann auch zu. »Als Drittes«, sagt der chinesische Außenminister, »benötigen wir dringend 1000 Tonnen Reis.« Breschnew überlegt wieder angestrengt, kommt dann aber zu der Erkenntnis: »Tut mir leid. Reis können wir nicht liefern. Soweit ich weiß, wird in der DDR kein Reis angebaut.«

Ein Westdeutscher besucht die DDR und diskutiert mit einem DDR-Bürger über die Politik zwischen Ost und West. Der Bürger aus dem Westen behauptet: »Bei uns herrscht absolute Freiheit und Demokratie. Ich kann mich beispielsweise in Bonn auf die Straße stellen und laut rufen: Bundeskanzler Kohl ist ein Idiot. Da passiert überhaupt nichts.«

Entgegnet der DDR-Bürger locker: »Ich könnte mich auch auf den Berliner Alexanderplatz hinstellen und ganz laut rufen: Bundeskanzler Kohl ist ein Idiot. Da würde mir auch nichts passieren.«

Was ist Pornografie in der Sowjetunion? Lenin ohne Mütze!

Ein Ungar, ein Russe und ein DDR-Bürger fahren gemeinsam im Zug und streiten sich darüber, in welchem ihrer Länder mehr Wohlstand herrsche. Der Ungar holt die berühmte Salami heraus, beißt hinein und wirft sie aus dem Fenster. Er brüstet sich: »Wir haben so viele davon, die können wir gar nicht alle essen.«
Der Russe holt daraufhin eine Flasche Wodka aus der Tasche, trinkt einen Schluck und wirft die Flasche mit den Worten: »Wir haben so viele davon, dass sie schon im Regal herumstehen« zum Fenster hinaus. Als der Zug durch einen Tunnel gefahren ist, fragt der Ungar den DDR-Bürger verblüfft, wo denn der Russe geblieben sei.
»Ach«, antwortet der, »wir haben so viele davon.«

Das sowjetische Parteiorgan »Prawda« kostet 4 Kopeken. Das entspricht umgerechnet 13 Pfennigen. Die in der DDR erscheinende Parteizeitung »Neues Deutschland« kostet jedoch 15 Pfennige. Warum so teuer? Klarer Fall, die 2 Pfennige mehr sind Übersetzungskosten.

LPG-Bauern werden politisch geschult. »Stellt euch nur mal vor«, fordert der Redner, »die Sowjets fliegen schon zum Mond.« Hoffnungsvoll fragt ein Bauer ganz leise: »Alle?«

Die DDR-Bürger bezeichnen Sowjetbürger gern als Freunde. Offiziell ist es aber unser Brudervolk. Aber Verwandte kann man sich nun mal nicht aussuchen!

Anlässlich des 100. Geburtstages von W. I. Lenin wird in der DDR pompös das Leninjahr gefeiert. Alles ist sozusagen Lenin.
Ein Arbeiter während der Frühstückspause ganz genervt: »Geht euch das auch so? Überall, wo man ist, was man hört, was man sieht, in den Zeitungen, an den Wänden, überall ist Lenin. Ich trau mich nicht mal mehr, diese Fischbüchse zu öffnen.«

Was ist der Unterschied zwischen Spanien und der DDR? Über Spanien lacht die Sonne, über die DDR die ganze Welt.

Die Angehörigen der Sowjetischen Streitkräfte beteiligen sich höchst selten an Lotterien und Tombolas. Merkwürdig, warum eigentlich nicht? Sie befürchten, als ersten Preis eine Reise in die Sowjetunion zu gewinnen.

Fidel Castro ist zum Staatsbesuch in der Sowjetunion. Abends sitzt er privat zusammen mit Breschnew. Dieser fordert ihn auf, mit ihm Wodka zu trinken. Fidel mag Wodka nicht, er lehnt mit der Entschuldigung ab, dass er Magenbeschwerden hätte.

Breschnew bleibt dabei: »Du magst mich wohl nicht? Wenn du einen Wodka mit mir trinkst, bekommt Kuba eine Zementfabrik als Geschenk.«

Castro lehnt ab, pocht auf seine Magenbeschwerden. Breschnew bietet inzwischen zwei, letztlich drei Zementfabriken als Geschenk, wenn Fidel mit ihm Wodka trinkt. Fidel denkt an seine armen Landsleute und trinkt mit Todesverachtung das Glas Wodka.

Breschnew lacht hämisch. Warum er lache, will Fidel wissen. »Ich habe mir gerade das Gesicht von Genosse Honecker vorgestellt, wenn er erfährt, dass er dir drei Zementfabriken liefern muss.«

Reagan, Breschnew und Honecker treffen sich mal wieder, gehen gemeinsam spazieren und kommen an einem Sumpf vorbei, in den man immer tiefer einsinkt, je mehr man im Leben gelogen hat. Die drei Staatsoberhäupter wollen es ausprobieren. Als Erster geht Reagan hinein. Er sinkt bis zum Bauch ab. Als Zweiter versucht es Breschnew und versinkt bis zum Hals. Als Letzter macht sich Honecker auf den Weg und versinkt nur bis zu den Knien.
Völlig überrascht fragen Reagan und Breschnew: »Sag mal Erich, warst du wirklich immer so ehrlich?«
»Nein«, entgegnet Honecker, »aber ich steh' auf den Schultern vom Schnitzler*«.

**Von Schnitzler war Leiter und Moderator des »Schwarzen Kanals« im DDR- Fernsehen.*

Woran denkt ein junges Mädchen, das einen alten Mann heiraten will?
Ein amerikanisches Mädchen denkt an Geld.
Ein französisches Mädchen denkt, oh, ein erfahrener Liebhaber.
Ein russisches Mädchen denkt, vielleicht ein Kampfgefährte Lenins.
Ein DDR-Mädchen freut sich – toll, der kann in den Westen fahren!

Reagan, Breschnew und Honecker fragen beim lieben Gott nach, was die Jahrtausendwende für ihre Länder bringen wird. Reagan informiert der liebe Gott: »Im Jahr 2000 werden die USA kommunistisch sein.« Daraufhin wendet sich Reagan ab und weint ganz bitterlich.
Breschnew schon ganz aufgeregt: »Und was wird mit der großen Sowjetunion sein?« »Tut mir leid«, sagt der liebe Gott, »die Sowjetunion wird zum Großchinesischen Reich gehören.« Da dreht sich Breschnew um und weint ebenfalls ganz bitterlich.
»Und wie sieht es mit der DDR im Jahr 2000 aus?«, fragt Honecker zögerlich. Da wendet sich der liebe Gott ab und weint ganz bitterlich.

Die Presse meldet, dass der Papst nach Berlin kommt. Na endlich, jubeln alle, dann war auch der letzte Pole in der DDR.

Leonid Breschnew hält die Eröffnungsansprache der Olympischen Sommerfestspiele 1980 in Moskau. Er schaut auf das Rednermanuskript und beginnt seine Rede mit den schwerwiegenden Vokalen: »O, O, O, O, O«. Sagt sein Außenminister neben ihm: »Mensch Leonid, das sind doch die fünf olympischen Ringe!«

Erich Honecker bekam von Jimmy Carter zu seinem Geburtstag ein freundliches Paket mit einer kleinen Atombombe als Geschenk. Seitdem überlegt Erich äußerst angestrengt, was er Carter als Gegengeschenk schicken könnte. Er überlegt und überlegt und überlegt. Es sollte wirklich etwas Passendes und vor allem DDR-Typisches sein. Er entschließt sich, Carter zu seinem Geburtstag einen lebendigen LPG-Vorsitzenden zu schicken. Carter bedankt sich und deutet vorsichtig an, dass er nicht wisse, was er mit dem LPG-Vorsitzenden anfangen solle. Honecker antwortet ihm in einem Brief: »Ein LPG-Vorsitzender, an der richtigen Stelle eingesetzt, kann verheerender wirken als eine Atombombe!«

Ist es nicht traurig? Die russischen Kosmonauten haben aber auch ein Pech! Da fliegen sie nun um die ganze Erde und landen ausgerechnet wieder in der Sowjetunion.

Warum dürfen ein DDR-Bürger und ein westdeutscher Bürger nicht gemeinsam Alkohol trinken? Liegt doch auf der Hand, weil dann beide die gleiche Fahne hätten.

Was meint ihr, wird die Baikal-Amur-Magistrale ein- oder zweispurig gebaut? Eine Antwort darauf kann noch nicht gegeben werden, weil: Man fängt von beiden Enden gleichzeitig an zu bauen. Wenn die Gleise sich dann in der Mitte treffen, wird sie einspurig. Wenn sie sich nicht treffen, wird sie zweispurig.

Leonid Breschnew, Margret Thatcher, Helmut Kohl und Erich Honecker feiern gemeinsam Silvester 1981. Der Höhepunkt ihrer fröhlichen Veranstaltung ist ein Pfänderspiel. Jeder muss zu Beginn ein Kleidungsstück ablegen und an seinem Körper ein nationales Symbol vorzeigen.

Breschnew öffnet sein Hemd, zeigt seine behaarte Brust und sagt: » Das ist der russische Bär!«

Margret Thatcher streift ihre Bluse ab und betont: »Hier, zwei schöne britische Pfund!«

Helmut Kohl ist an der Reihe. Er erhebt sich, dreht sich um und lässt mit den Worten: »Das ist das geteilte Deutschland!« seine Hose fallen.

Erich Honecker erhebt sich, lässt ebenfalls die Hose herunter, dreht sich allerdings nicht um und sagt: »Das ist die Grenzschranke, die bleibt auch 1982 unten.«

Bush, Gorbatschow und Honecker reiten durch die Wüste. Plötzlich werden sie von Beduinen verfolgt. Gorbatschow wirft ihnen sofort einen Zettel zu, auf dem er ihnen 1 Million Rubel verspricht, wenn die Beduinen sie in Ruhe lassen. Zwecklos, sie werden weiter verfolgt. Dann bietet Bush ihnen 1 Million Dollar. Wieder zwecklos. Als Letzter wirft Honecker ihnen einen Zettel zu. Die Beduinen lesen ihn und kehren sofort hektisch um. »Was hast du ihnen bloß geboten?«, fragen Gorbatschow und Bush völlig überrascht. »Ich habe ihnen nichts geboten«, entgegnet Honecker, »ich habe nur geschrieben: Noch ein Kilometer, dann beginnt die DDR.«

Ein Parteisekretär hat eine erfreuliche Nachricht mitzuteilen: »Genosse, ich teile dir mit, dass du nach Kuba delegiert wirst, um dort den Sozialismus voranzutreiben.« Der Genosse ist gar nicht begeistert und versucht abzulehnen.
Der Parteisekretär völlig überrascht: »Aber es ist doch eine riesengroße Ehre und würdevolle Aufgabe für dich.«
»Ich bedanke mich auch für das Vertrauen, aber weißt du«, entgegnet der Genosse, »ich habe schon so vieles durchgemacht. Unter Stalin sind wir stalinisiert worden, unter Chruschtschow chruschtschowisiert, und nun soll ich tatsächlich zu Castro gehen?«

Worin besteht der Unterschied zwischen den Wahlen in den USA, der Bundesrepublik Deutschland und der DDR? Ganz klar: In den USA kann man zwischen mehreren Kandidaten wählen, in der Bundesrepublik zwischen verschiedenen Parteien und in der DDR, ob man vormittags oder nachmittags wählen geht.

Der Botschafter der USA stellt bei der UNO den Antrag, die USA sollen ein sozialistisches Land werden. Als es zur Abstimmung darüber kommt, stimmt die Mehrheit der Staaten dafür, nur die DDR stimmt dagegen. Daraufhin fragt der Vertreter der UdSSR den Vertreter aus der DDR: »Na, sag mal, spinnst du? Ausgerechnet ihr seid dagegen?« Der DDR-Vertreter entnervt: »Noch so ein großes Land können wir nun wirklich nicht ernähren!«

Bei einem Empfang im Kreml steht Helmut Kohl neben einem Sowjetgeneral, dessen Uniform einige Reihen von Orden zieren. Plötzlich eilt ein Sicherheitsbeamter auf Kohl zu: »Herr Bundeskanzler, was gibt es, Sie haben geläutet?« »Nein, der General hat nur geniest.«

Aus Solidarität zur Sowjetunion erklärt die DDR China den Krieg. Die Chinesen wundern sich sehr und schicken umgehend ein Telegramm an die DDR-Behörden. »Denkt mal nach, ihr seid ca. 17 Millionen Einwohner, vielleicht sind eine Million unter Waffen. Aber wir sind über eine Milliarde und haben 100 Millionen unter Waffen. Wollt ihr wirklich gegen uns Krieg führen?«
Das Politbüro tritt zusammen und diskutiert lange. Dann schicken sie ein Antworttelegramm mit folgendem Inhalt: »Wir ziehen die Kriegserklärung zurück, denn wir wüssten beim besten Willen nicht, wohin mit den vielen Kriegsgefangenen.«

Ein Russe, ein Schotte und ein DDR-Bürger werden gefragt, welches Getränk sie mitnehmen würden, wenn sie in die Wüste müssten.
»Wodka«, antwortet der Russe wie aus der Pistole geschossen, »eine ganz große Flasche.«
»Ich nehme eine Flasche vom feinsten Whisky mit«, antwortet der Schotte.
Der DDR-Bürger gibt sich bescheiden: »Ich nehme eine Tasse Kaffee und die aktuelle Tageszeitung mit.«
Alle wundern sich und erwarten eine Erklärung.
»Ganz einfach«, erläutert der DDR-Bürger, »ich trinke einen Schluck Kaffee, lese den Leitartikel, und schon kommt mir der Kaffee wieder hoch.«

Honeckers Staatsbesuch 1987 in der BRD. Kohl will imponieren und brüstet sich vor Honecker, dass er nur kluge Leute um sich habe. Honecker will ihm das nicht so recht glauben. Um seine Aussage zu bekräftigen, fragt Kohl überraschend Genscher beim gemeinsamen Essen: »Es ist nicht mein Bruder, es ist nicht meine Schwester, aber trotzdem das Kind meiner Eltern. Wer ist das?« Ohne groß nachzudenken, antwortet Genscher sofort: »Das bist natürlich du, Helmut!«

Honecker ist tief beeindruckt. Zu Hause angekommen, will er sich auch von der Klugheit seiner Leute überzeugen. Er testet Willi Stoph: »Es ist nicht mein Bruder und nicht meine Schwester, aber trotzdem das Kind meiner Eltern. Wer ist das?« Stoph denkt eine Weile angestrengt nach, dann empfiehlt er, Sicherheitschef Mielke mit der Lösung dieser Aufgabe zu beauftragen.

Mielke hört sich die Frage an und überlegt und überlegt. Plötzlich hellt sich seine Miene auf: »Ganz klar, das bist du, Erich.«

»Unsinn«, sagt Honecker, »das ist natürlich Kohl.«

Biete Flugreise nach Moskau, suche Wanderweg nach Bonn.

Michail Gorbatschow wird von Journalisten gefragt, wie er zu diesem merkwürdigen roten Fleck auf der Stirn kommt. Ein Gendefekt? Krankheit? Unfall?
»Nichts von dem«, berichtet Gorbatschow, »ich wollte eigentlich schon einige Jahre früher Generalsekretär der KPdSU werden, aber immer, wenn ich dieses Thema ansprach, hat mich Breschnew auf die Stirn geschlagen und getobt: ›Du bist noch lange nicht dran!‹«

Die neuste Nachricht erschüttert amerikanische und sowjetische Geheimdienste: Chinesische Kosmonauten sind auf dem Mond gelandet. »Wir wussten gar nicht, dass ihr so starke Raketen besitzt«, erklären Amerikaner und Sowjets. »Wieso Raketen?«, fragen die Chinesen nach.
»Wie seid ihr denn sonst auf den Mond gekommen?« »Na Mann auf Mann.«

Auf der Schönhauser Allee in Ostberlin steht ein Panzer mit amerikanischem Hoheitszeichen. »Hurra, Freiheit in Ostberlin!«, jubeln die ersten Passanten. Da geht die Panzerluke auf, heraus schaut ein Russe und sagt: »Nix Freiheit – Fasching!«

Stasi unauffällig überall

»Ich liebe euch doch alle«, verkündete Stasichef Erich Mielke unter dem schallenden Gelächter der Abgeordneten der Volkskammer der DDR. »Ja, wirklich«, betonte er leicht irritiert. Und weil er uns alle so sehr liebte, ließ er uns Tag und Nacht bewachen, behütete und beschützte uns, damit uns keiner etwas Böses antat und wir friedlich schlafen konnten.

Endlich hat die Stasi den Urheber, der die politischen Witze verfasst, gefunden. Sie bringt ihn zu Honecker. Der fragt ihn wütend: »Warum erzählst du so diffamierende Witze über die DDR, gerade jetzt, wo wir im wirtschaftlichen Aufschwung sind?«
»Im wirtschaftlichen Aufschwung? Der Witz ist aber nicht von mir.«

Die Tante aus der BRD schickt einen Brief an ihre Verwandten in der DDR. Zum Schluss schreibt sie: »Hoffentlich erreicht Euch mein Brief, denn die Kontrollen durch die Stasi sollen sehr streng sein.« Nach zwei Monaten kommt der Brief mit dem Hinweis wieder zurück: »Nicht befördert wegen Verleumdung der Sicherheitskräfte. Bei uns gibt es keine Postzensur.«

Sagt ein Besoffener in der Kneipe: »Kennst du den Unterschied zwischen Bier und Honecker? Das Bier ist flüssig, Honecker ist überflüssig.«
Fragt sein unauffälliges Gegenüber: »Kennst du den Unterschied zwischen dem Tresen und dir? Nein? Der Tresen bleibt hier und du kommst mit.«

Ein Kaninchen hoppelt über die Grenze in den Westen. Es behauptet, in der DDR würden jetzt alle Elefanten verfolgt, und bittet um politisches Asyl. »Aber du bist doch gar kein Elefant!« »Das weiß ich auch, aber machen Sie das mal der Stasi klar ...«

Große Werbeanzeige der Stasi:
Kommen Sie zu uns, bevor wir zu Ihnen kommen!

Treffen sich zwei Frauen im Hausflur und kommen ins familiäre Gespräch. »Mein Mann ist Generaldirektor im Chemiekombinat und verdient fast 4000 Mark monatlich«, berichtet die eine Frau voller Stolz. Die andere berichtet: »Mein Mann ist bei der Staatssicherheit.«
»Na und, was bekommt er da so?«, fragt voller Neugier die Erste. »Das kann ich noch nicht sagen, die haben ihn gestern erst geholt.«

Wie verständigen sich zwei Stasioffiziere, wenn sie sich nicht antreffen?
Ein Zettel im Briefkasten: ,in de 4ma ABBA =!
(Komm mal in die Firma, aber gleich)

Erich Mielke, Chef der Staatssicherheit, bekommt Besuch von seinem Enkel. Er freut sich sehr und fragt den Kleinen, was er denn mal später werden möchte.
»Wenn es geht, vielleicht General bei der Armee«, antwortet der Junge.
»Natürlich kannst du das werden, wenn du ganz fleißig und diszipliniert bist«, ermuntert Mielke.
»Oder vielleicht nur ein berühmter Arzt, vielleicht auch ein Architekt?«, hakt der Kleine nach.
»Natürlich, mein Junge, wenn du ganz besonders fleißig und diszipliniert bist, kannst du das alles werden.«
»Oder Chef der Staatssicherheit?«
»Das geht nun wirklich nicht, schließlich bin ich es doch schon!«

Der Enkel schreibt einen Brief an seine Großmutter in Westdeutschland. »Liebe Omi, vielen Dank für dein Paket. Die Pistole ist gut angekommen. Ich habe sie und die Munition sofort im Garten vergraben.«
Zwei Wochen später schreibt er erneut: »Liebe Omi, jetzt kannst du mir die Tulpenzwiebeln schicken. Die Stasi hat den ganzen Garten mehrmals umgegraben.«

»Warum werfen Sie den Kellner nicht einfach raus? Jeder weiß doch, dass er für die Stasi arbeitet«, fragt ein Gast den Restaurantleiter.
»Warum sollte ich?«, erwidert der Gefragte. »Der nächste Spitzel ist vielleicht kein so guter Kellner!«

Auch in diesem Jahr findet wieder ein Festival des politischen Witzes statt.
Erster Preis: zehn Jahre Winterurlaub in Sibirien.

»Wie beurteilen Sie die politische Lage?«, wird ein Passant von einem »unauffälligen« Mann gefragt.
Er antwortet: »Ich denke ...«
»Das reicht. Sie sind verhaftet!«, sagt der Stasi-Offizier.

Sitzen zwei Männer in der Kneipe beim Bier. Sagt der eine: »Pass mal auf, ich werde dir den neuesten politischen Witz erzählen.« Antwortet der andere: »Das kannst du nicht machen. Du weißt doch, ich arbeite bei der Staatssicherheit!« Entgegnet der Erste: »Macht doch nichts, ich erkläre ihn dir so lange, bis du ihn kapiert hast.«

Für den UEFA-Cup sind Dynamo Dresden und Bayern München ausgelost worden. Zum ersten Mal spielt eine westdeutsche Mannschaft in der DDR. Besorgt fragen Initiatoren und Reporter nach: »Ist Bayern München überhaupt bei Ihnen hier bekannt? Wird das Stadion auch gefüllt sein?«
Antwort aus Dresden: »Mit Sicherheit, mit Sicherheit!«

Ein Amerikaner, ein Franzose und ein DDR-Bürger unterhalten sich über ihr allerschönstes Erlebnis.
Der Amerikaner: »Mein allerschönstes Erlebnis war ein riesengroßes, Millionen schweres Geschäft.«
Der Franzose: »Mein allerschönstes Erlebnis war eine Liebesnacht mit der schönsten Frau Frankreichs.«
Darauf der DDR-Bürger: »Mein allerschönstes Erlebnis war, als früh um 5.00 Uhr die Stasi bei mir klingelte und fragte, ob ich Herr Maier wäre, und ich antworten konnte: ›Nein, Herr Maier wohnt eine Etage höher‹.«

Einer Familie ist der Papagei entflogen. Aufgeregt laufen sie zur Staatssicherheit: »Wir wollten Ihnen nur mitteilen, dass wir die politischen Ansichten unseres Papageis nicht teilen.«

Einem DDR-Bürger wird einfach das Telefon weggenommen. Er beschwert sich und fragt nach den Gründen dafür. »Sie haben die Staatssicherheit verleumdet«, bekommt er zur Antwort.
»Ich, wieso denn?«
»Sie haben wiederholt am Telefon behauptet, dass die Staatssicherheit ihr Telefon abhört!«

Honecker ruft Mielke an und teilt ihm mit, dass er seine goldene Uhr vermisse. Sie muss ihm wohl geklaut worden sein. Mielke soll sich darum kümmern. Zwei Stunden später ruft er wieder bei Mielke an, um ihm mitzuteilen, dass er seine Uhr inzwischen wieder gefunden habe. Die Sache hätte sich erledigt. Darauf Mielke leicht erzürnt: »Zu spät, Genosse Honecker, denn wir haben bisher über 30 Verdächtige festgenommen und alle haben die Tat gestanden.«

Woran erkennt man, dass die Stasi Robotron-Wanzen in der Wohnung eingebaut hat? Im Zimmer steht ein neuer Schrank und ein Trafohäuschen vor der Tür.

Ein junger Mann möchte gern zum Staatssicherheitsdienst und erhält auch einen ersten Probeauftrag. In eine hohe Funktionärstagung soll sich ein westlicher Spion eingeschlichen haben, den es zu ermitteln gilt.
Honeckers Referat dauert ziemlich lange, drei, vier Stunden vergehen. Plötzlich springt der junge Stasi-Anwärter auf und stürzt sich auf einen Mann, der dann schließlich auch zugibt, der gesuchte Spion zu sein. Stasi-Chef Mielke ist völlig perplex und fragt den jungen Mann nach seiner Methode.
»Ganz einfach«, meint der, »ich dachte nur an das bekannte Lenin-Zitat: Der Klassenfeind schläft nie.«

Stimmt es, dass jetzt viele ehemalige Stasi-Angestellte als Taxifahrer arbeiten? Ja, und es ist äußerst praktisch. Du nennst nur deinen Namen und der Taxifahrer weiß, wo du wohnst.

Unterhalten sich eine Stricknadel und eine Nähnadel. Fragt die Stricknadel die Nähnadel: »Du, soll ich dir mal einen politischen Witz erzählen?«
»Besser nicht«, antwortet die Nähnadel, »da kommt gerade eine Sicherheitsnadel.«

Das Ende vom Lied

Hätte ein Mensch am 9. November morgens früh verkündet, dass am späten Abend die Mauer geöffnet sein wird, hätte man ihn ganz sicher für verrückt erklärt. Trotz rasanter Veränderungen seit Honeckers erzwungenem Rücktritt im Oktober 1989, darunter auch versprochene Reisefreiheit, hätte kaum einer vermutet, dass die Mauer so schnell eine Fußnote der Geschichte sein wird. Günter Schabowski hat sich mit seinem historischen Versprecher auf der abendlichen Pressekonferenz ein Denkmal gesetzt. Die Grenzen waren offen!

In der DDR grüßt man sich neuerdings nicht mehr mit »Guten Tag«, sondern mit »ND – ND«. Hat diese Abkürzung irgendetwas mit der Zeitung »Neues Deutschland« zu tun?
Nein, das heißt »Na Du – Noch Da?«

Vor der Wahl der DDR-Volkskammer am 7. Mai 1989 hatte Egon Krenz, damals Vorsitzender der Zentralen Wahlkommission, starke Depressionen. Warum denn das? Alles war bestens organisiert und lief ganz hervorragend. Er musste allerdings befürchten, dass bei der Auszählung 110 Prozent herauskommen.

Worin besteht der Unterschied zwischen der BRD und der DDR? Na ja, die im Westen haben 3-SAT und hier hat man ALLES SATT!

Zu Beginn der Sommerferien gibt die Partei- und Staatsführung bekannt, dass an diesem Tag die Mauer geöffnet werden soll. Warum denn das? Der Genosse Honecker hat den Wunsch geäußert, in den Ferien mit seiner Frau allein zu sein.

Erich Honecker lässt sich bei seinem Frisör in Wandlitz die Haare schneiden. Der plaudert munter und ständig fällt das Wort »Perestroika«. Irgendwann reicht es Honecker. Er verbietet dem Frisör, dieses Wort auszusprechen. »Oh, schade«, sagt der, »immer wenn ich das Wort ›Perestroika‹ ausspreche, stehen Ihnen die Haare so schön zu Berge.«

Günter Mittag, Wirtschaftschef der DDR, sagt in einer seiner letzten Reden: »Genossen, wir haben echt Angst vor den ehemaligen DDR-Bürgern, die in die BRD ausreisten. Nicht etwa deshalb, weil sie vermutlich in Kürze wieder zurückkommen werden, sondern dass sie in der BRD mit dem Aufbau der Grundlagen des Sozialismus beginnen werden. Stellt euch das nur mal vor! Zwei sozialistische Staaten auf deutschem Boden! Woher sollen wir dann bloß die Devisen bekommen?«

Die USA, die Sowjetunion und die DDR zeigen großes Interesse an der Hebung der Titanic. Die USA haben es auf den Schmuck abgesehen, der vermutlich in den Tresoren liegt. Die Sowjetunion möchte den Stahl und die DDR die Kapelle, die bis zum Untergang gespielt hat.

Honecker hält seine letzte Rede als Partei- und Staatschef. Er fragt die Zuhörer: »Wer ist eure Mutter?« Die Antwort lautet: »Die Deutsche Demokratische Republik«. »Und wer ist euer aller Vater?« Die Antwort: »Du, lieber Erich!« Daraufhin fragt Honecker: »Und was wollt ihr werden?« Antwort: »Vollwaisen«.

Erich Honecker schlendert mal wieder über den Alexanderplatz, sieht eine riesige Menschenschlange und stellt sich vorsichtshalber an. Nach einer ganzen Weile dreht sich sein Vordermann um, starrt ihn entsetzt an und geht sofort weg. Der Nächste dreht sich um, der Übernächste usw. Alle blicken erstaunt und verschwinden. Den Letzten hält Erich fest und fragt: »Wonach steht ihr hier eigentlich an und warum haut ihr plötzlich alle ab?« »Nach Ausreiseanträgen! Aber wenn du einen stellst, können wir ja hier bleiben.«

Erich Honecker hat sich einen Arm gebrochen. Er wollte sich auf sein Volk stützen.
Nun hat sich Erich Honecker auch noch ein Bein gebrochen. Er ist in eine Versorgungslücke gefallen!

Erich Honecker kommt von einem Auslandsbesuch zurück. Bereits am Flugplatz sieht er, wie Berlin, die Hauptstadt der DDR, hell erleuchtet ist. In Schönefeld gelandet, will er sich nach dem Grund der Festbeleuchtung erkundigen, aber kein Einziger ist dort zu finden. Als er am Brandenburger Tor vorbeikommt, sieht er ein Loch in der Mauer. Zu Hause angekommen, findet er einen Zettel, auf dem steht: »Lieber Erich, du bist der Letzte, mach bitte das Licht aus. Deine Margot.«

Worin besteht der Unterschied zwischen einem DDR-Bürger und einem Ei? Ein Ei kann man nur einmal in die Pfanne hauen.

Kurz vor der Wende wurde Erich Honecker in Berlin mit einem Traktor gesehen. Er suchte noch Anhänger.

Honecker steht mit einem Koffer an der Grenze und sagt: »Ich ziehe zu meinem Volk.«

Erich Honecker und Günter Mittag besuchen einen Kindergarten. Erich fragt die Leiterin, was denn so noch zu machen wäre. »Der Spielplatz müsste fertiggestellt werden und neues Spielzeug brauchen wir auch.« »Gut, wir prüfen das für den nächsten Fünfjahresplan«, antwortet Honecker. Anschließend fahren beide weiter zur Strafvollzugsanstalt Bautzen. Die Häftlinge dort fordern Farbfernseher und Dusche in jeder Zelle, zusätzlich Tennisplatz und Fitnessraum. »Okay«, sagt Honecker, »ich werde das sofort veranlassen.« Mittag ist völlig verwirrt: »Sag mal, Erich, hast du dich nicht vertan. Das kostet doch Millionen, und für den Kindergarten willst du nichts tun?« »Mensch, Günter, meinst du denn, wenn es einmal anders kommt, werden wir im Kindergarten eingesperrt?«

Karl Marx wird mit modernen wissenschaftlichen Methoden wieder zum Leben erweckt. Er soll auf dem nächsten Parteitag eine Rede halten. Aber sein Manuskript, das er natürlich vorher einreichen muss, umfasst nur einen Satz: »Proletarier aller Länder, verzeiht mir!«